CW01666194

# Égypte

## Trois mille ans d'art décoratif

Musée Myers
Collection du Collège d'Eton

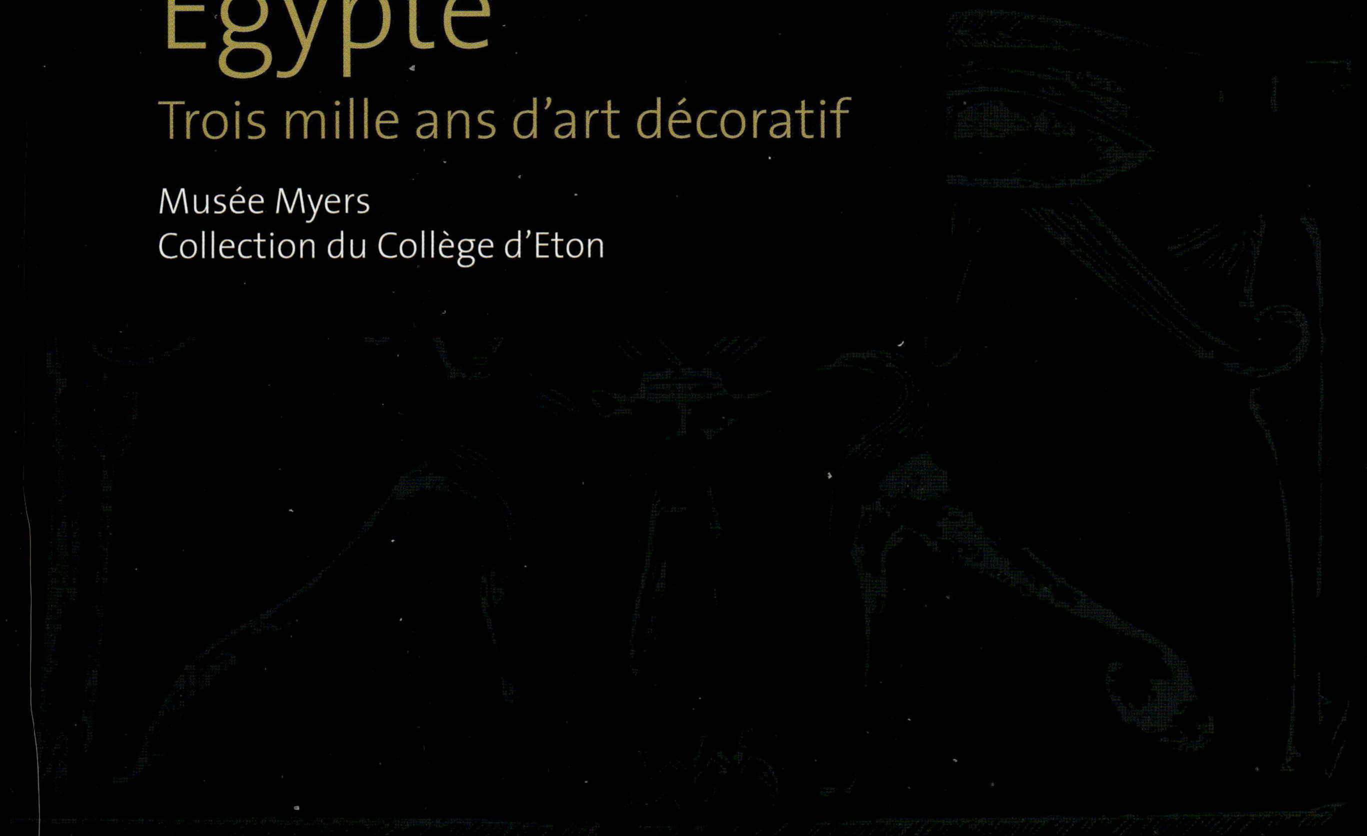

**En quatrième de couverture :**
Miroir à poignées en forme de jeune fille (cat. 36)
*Vers 1375 av. J.-C.*

**En couverture :**
Pectoral (cat. 8)
*Vers 1897-1841 av. J.-C.*

musée des Arts décoratifs Bordeaux
SOMOGY ÉDITIONS D'ART

# Égypte

## Trois mille ans d'art décoratif

Musée Myers
Collection du Collège d'Eton

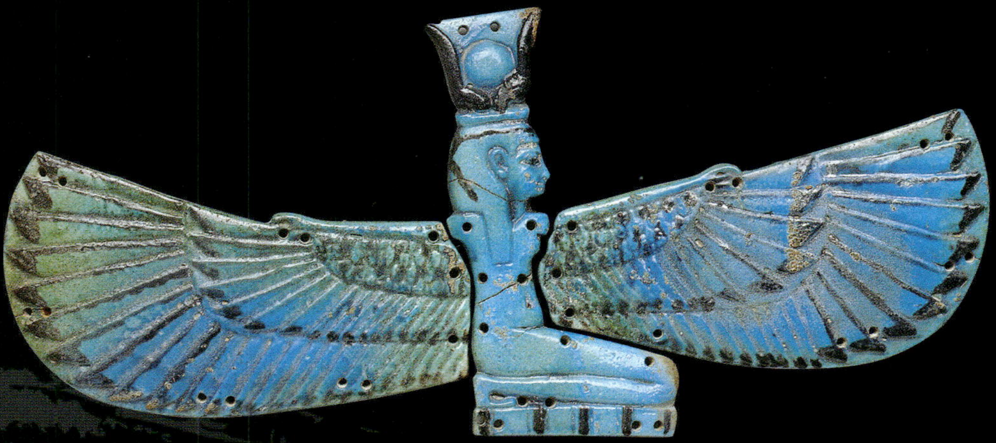

**Nout ailée (cat. 63)**
*Vers 1295 av. J.-C.*

Exposition
du 5 avril
au 2 juillet 2007

BORDEAUX,
MUSÉE
DES ARTS DÉCORATIFS

## Remerciements

*C'est pour nous un agréable devoir de remercier tous ceux sans qui cette exposition n'aurait pas existé : Alain Juppé, maire de Bordeaux ; Dominique Ducassou, adjoint à la culture ; Jean-François Lhérété, directeur général des affaires culturelles ; François Brouat, directeur régional des affaires culturelles d'Aquitaine.*

*Un chaleureux merci à tous ceux qui nous ont aidés dans la préparation et la réalisation de cette manifestation : Betty Alvès, Air France ; Éric Anderson, Provost du Collège d'Eton ; Alicia Arnolds-Urquijo, communication Air France, Bordeaux ; Jean Bernard, président des Amis de l'hôtel de Lalande, Bordeaux ; Alain Bogud, directeur commercial Air France, Bordeaux ; Marc Bonnemaison, directeur du centre d'entretien et d'exploitation de Bordeaux ; Sylvie Cazes, restaurant Le Chapon fin, Bordeaux ; Marie Chazeaubény-Longy, directeur des établissements culturels de Bordeaux ; Rufino Diaz, éditions El Viso, Madrid ; Laurent Giscard d'Estaing, directeur Air France, Bordeaux ; François Hubert, directeur du musée d'Aquitaine, Bordeaux ; Nicholas Reeves, conservateur du musée Myers du Collège d'Eton ; Gwen Roginsky, Metropolitan Museum of Art, New York ; Santiago Saavedra, éditions El Viso, Madrid ; Annemieke Schoors, directeur du Rijksmuseum van Oudheden de Leyde ; Hans Schneider, conservateur honoraire du département égyptien du Rijksmuseum van Oudheden de Leyde ; Eleni Vassilika, directeur de la Fondazione museo delle Antichità Egypzie de Turin ; Chiel Veffer, graphiste, Amsterdam ; Wim Weijland, directeur du Rijksmuseum van Oudheden de Leyde ; Andrew Winn, Bursar du Collège d'Eton ; Anne Zieglé, conservateur au musée d'Aquitaine, Bordeaux.*

*Enfin, il est juste de féliciter ceux qui, au sein du musée des Arts décoratifs, ont apporté leur concours : Nathalie Balerdi-Paternotte, administration et communication ; Christine Brillac, secrétariat et graphisme ; Alain Couilbault, Alain Oillic, Lionel Gratianne et Philippe Bon, montage et assistance technique.*

*Commissariat général :*
*Bernadette de Boysson, conservateur, directeur du musée des Arts décoratifs de Bordeaux*
*Commissariat de l'exposition :*
*Valérie de Raignac, musée des Arts décoratifs de Bordeaux*

*Cette exposition a bénéficié du soutien financier de la direction régionale des affaires culturelles, des Amis de l'hôtel de Lalande, d'Air France et du Chapon fin.*

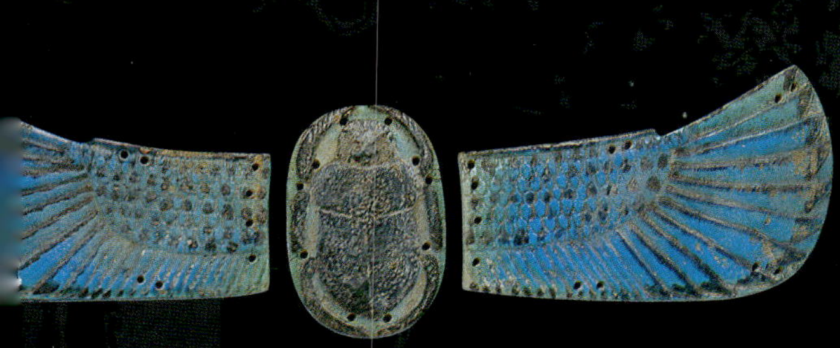

**Scarabée ailé (cat. 63)**
*Vers 1295 av. J.-C.*

Ce catalogue est publié à l'occasion de l'exposition « Égypte. Trois mille ans d'art décoratif. Musée Myers. Collection du Collège d'Eton », organisée par le musée des Arts décoratifs de Bordeaux du 5 avril au 3 juillet 2007 avec l'autorisation du principal et des membres agréés du Collège d'Eton. C'est l'édition révisée de celui de l'exposition « Egyptian Art at Eton College » organisée par le musée Myers d'Eton à Windsor (20 septembre 1999-30 juin 2000) et le Metropolitan Museum of Art à New York (20 septembre 2000-21 janvier 2001) ; l'édition révisée a été publiée par le Rijksmuseum van Oudheden de Leyde pour l'exposition « The small masterpieces of Egypte Art. Selection from the Myers Museum at Eton College » (7 novembre 2003-29 février 2004).

Pour la première édition :

| | |
|---|---|
| Contribution éditoriale | John P.O'Neill |
| Suivi éditorial | Teresa Egan et Ellen Shultz |
| Conception graphique | Antony Drobinski |
| Fabrication | Peter Antony et Elisa Frohlich |
| Informatique | Robert Weisberg |

Ouvrage réalisé sous la direction de Somogy éditions d'art :

| | |
|---|---|
| Conception graphique | Quat'Coul, Toulouse |
| Graphiste | Valérie Relier, Quat'Coul, Toulouse |
| Photogravure | Quat'Coul, Toulouse |
| Traduction | Pierre Saint-Jean, Marianne Bouvier |
| Contribution éditoriale | Anne-Sophie Hoareau-Castillo |
| Fabrication | Michel Brousset, Béatrice Bourgerie, Mathias Prudent |

Avec l'aide gracieuse de Leyde et du professeur H. Schneider

Copyright pour la première édition :
©1999 College d'Eton, Windsor et Metropolitan Museum of Art, New York

Copyright pour cette édition :
© Somogy éditions d'art, Paris, 2007
© Musée des Arts décoratifs, Bordeaux et Collège d'Eton, Windsor, 2007

ISBN : 978-2-7572-0096-4
Dépôt légal : mars 2007
Imprimé en Italie (Union européenne)

Tous droits réservés. Aucune partie de cette publication ne peut être reproduite ou transmise sous quelque forme que ce soit, ou par quelque moyen que ce soit, électronique ou mécanique, y compris sous forme de photocopie, d'enregistrement ou grâce à un système de stockage ou déstockage de données, sans l'autorisation écrite des éditeurs.

Photographies par Oi-Cheong Lee, The Photograph Studio, The Metropolitan Museum of Art, à l'exception de la photographie du n° 7 du cat., à la page 20, et des nos 8, 11, 17, 54, 56, 74 et 91 du cat., réalisées par Clarissa Bruce et de celles des pages 23, 24 et 25 réalisées par Lysiane Gauthier, mairie de Bordeaux. La photographie du major W. J. Myers, à la page 14, est reproduite avec l'aimable autorisation du Collège d'Eton. L'illustration du texte « L'art de l'Égypte ancienne » est reproduite pour le Rijksmuseum van Oudheden, à partir de l'ouvrage de N. de G. Davies, *The Tomb of the Two Sculptors at Thebes*, New York, 1925, pl. XIV.

Dessins par William Schenck

Séparation des couleurs par Professionnal Graphics, Inc., Rockford, Illinois

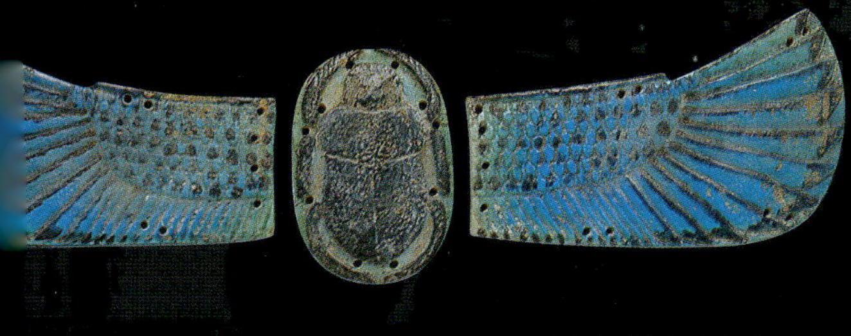

**Scarabée ailé (cat. 63)**
*Vers 1295 av. J.-C.*

## Remerciements

*C'est pour nous un agréable devoir de remercier tous ceux sans qui cette exposition n'aurait pas existé : Alain Juppé, maire de Bordeaux ; Dominique Ducassou, adjoint à la culture ; Jean-François Lhérété, directeur général des affaires culturelles ; François Brouat, directeur régional des affaires culturelles d'Aquitaine.*

*Un chaleureux merci à tous ceux qui nous ont aidés dans la préparation et la réalisation de cette manifestation : Betty Alvès, Air France ; Éric Anderson, Provost du Collège d'Eton ; Alicia Arnolds-Urquijo, communication Air France, Bordeaux ; Jean Bernard, président des Amis de l'hôtel de Lalande, Bordeaux ; Alain Bogud, directeur commercial Air France, Bordeaux ; Marc Bonnemaison, directeur du centre d'entretien et d'exploitation de Bordeaux ; Sylvie Cazes, restaurant Le Chapon fin, Bordeaux ; Marie Chazeaubény-Longy, directeur des établissements culturels de Bordeaux ; Rufino Diaz, éditions El Viso, Madrid ; Laurent Giscard d'Estaing, directeur Air France, Bordeaux ; François Hubert, directeur du musée d'Aquitaine, Bordeaux ; Nicholas Reeves, conservateur du musée Myers du Collège d'Eton ; Gwen Roginsky, Metropolitan Museum of Art, New York ; Santiago Saavedra, éditions El Viso, Madrid ; Annemieke Schoors, directeur du Rijksmuseum van Oudheden de Leyde ; Hans Schneider, conservateur honoraire du département égyptien du Rijksmuseum van Oudheden de Leyde ; Eleni Vassilika, directeur de la Fondazione museo delle Antichità Egypzie de Turin ; Chiel Veffer, graphiste, Amsterdam ; Wim Weijland, directeur du Rijksmuseum van Oudheden de Leyde ; Andrew Winn, Bursar du Collège d'Eton ; Anne Zieglé, conservateur au musée d'Aquitaine, Bordeaux.*

*Enfin, il est juste de féliciter ceux qui, au sein du musée des Arts décoratifs, ont apporté leur concours : Nathalie Balerdi-Paternotte, administration et communication ; Christine Brillac, secrétariat et graphisme ; Alain Couilbault, Alain Oillic, Lionel Gratianne et Philippe Bon, montage et assistance technique.*

*Commissariat général :*
*Bernadette de Boysson, conservateur, directeur du musée des Arts décoratifs de Bordeaux*
*Commissariat de l'exposition :*
*Valérie de Raignac, musée des Arts décoratifs de Bordeaux*

*Cette exposition a bénéficié du soutien financier de la direction régionale des affaires culturelles, des Amis de l'hôtel de Lalande, d'Air France et du Chapon fin.*

Ce catalogue est publié à l'occasion de l'exposition « Égypte. Trois mille ans d'art décoratif. Musée Myers. Collection du Collège d'Eton », organisée par le musée des Arts décoratifs de Bordeaux du 5 avril au 3 juillet 2007 avec l'autorisation du principal et des membres agréés du Collège d'Eton. C'est l'édition révisée de celui de l'exposition « Egyptian Art at Eton College » organisée par le musée Myers d'Eton à Windsor (20 septembre 1999-30 juin 2000) et le Metropolitan Museum of Art à New York (20 septembre 2000-21 janvier 2001) ; l'édition révisée a été publiée par le Rijksmuseum van Oudheden de Leyde pour l'exposition « The small masterpieces of Egypte Art. Selection from the Myers Museum at Eton College » (7 novembre 2003-29 février 2004).

Pour la première édition :

| | |
|---|---|
| Contribution éditoriale | John P. O'Neill |
| Suivi éditorial | Teresa Egan et Ellen Shultz |
| Conception graphique | Antony Drobinski |
| Fabrication | Peter Antony et Elisa Frohlich |
| Informatique | Robert Weisberg |

Ouvrage réalisé sous la direction de Somogy éditions d'art :

| | |
|---|---|
| Conception graphique | Quat'Coul, Toulouse |
| Graphiste | Valérie Relier, Quat'Coul, Toulouse |
| Photogravure | Quat'Coul, Toulouse |
| Traduction | Pierre Saint-Jean, Marianne Bouvier |
| Contribution éditoriale | Anne-Sophie Hoareau-Castillo |
| Fabrication | Michel Brousset, Béatrice Bourgerie, Mathias Prudent |

Avec l'aide gracieuse de Leyde et du professeur H. Schneider

Copyright pour la première édition :
©1999 College d'Eton, Windsor et Metropolitan Museum of Art, New York

Copyright pour cette édition :
© Somogy éditions d'art, Paris, 2007
© Musée des Arts décoratifs, Bordeaux et Collège d'Eton, Windsor, 2007

ISBN : 978-2-7572-0096-4
Dépôt légal : mars 2007
Imprimé en Italie (Union européenne)

Tous droits réservés. Aucune partie de cette publication ne peut être reproduite ou transmise sous quelque forme que ce soit, ou par quelque moyen que ce soit, électronique ou mécanique, y compris sous forme de photocopie, d'enregistrement ou grâce à un système de stockage ou déstockage de données, sans l'autorisation écrite des éditeurs.

Photographies par Oi-Cheong Lee, The Photograph Studio, The Metropolitan Museum of Art, à l'exception de la photographie du n° 7 du cat., à la page 20, et des n^os^ 8, 11, 17, 54, 56, 74 et 91 du cat., réalisées par Clarissa Bruce et de celles des pages 23, 24 et 25 réalisées par Lysiane Gauthier, mairie de Bordeaux. La photographie du major W. J. Myers, à la page 14, est reproduite avec l'aimable autorisation du Collège d'Eton. L'illustration du texte « L'art de l'Égypte ancienne » est reproduite pour le Rijksmuseum van Oudheden, à partir de l'ouvrage de N. de G. Davies, *The Tomb of the Two Sculptors at Thebes*, New York, 1925, pl. XIV.

Dessins par William Schenck

Séparation des couleurs par Professionnal Graphics, Inc., Rockford, Illinois

# Sommaire

La présentation à Bordeaux de cent chefs-d'œuvre d'art décoratif égyptien conservés au musée Myers du Collège d'Eton, reconnus par les spécialistes comme un des ensembles les plus intéressants du monde, est une rare opportunité partagée seulement depuis 2000 avec le Metropolitan Museum of Art de New York et le Rijksmuseum van Oudheden de Leyde. Offrir aux visiteurs du musée des Arts décoratifs de Bordeaux cette continuité exceptionnelle de trois millénaires permet de comprendre comment a été créé le premier langage esthétique cohérent de l'histoire des arts décoratifs dont notre culture est l'héritière.

La découverte par l'Occident de l'Égypte antique au premier siècle avant notre ère, grâce aux vestiges du bord du Nil ramenés à Rome, touche surtout l'architecture et la sculpture monumentale. Il faut attendre le début du XIXe siècle avec la campagne d'Égypte pour que des savants, des chercheurs et des collectionneurs trouvent et s'intéressent aux objets de la vie quotidienne, précieusement installés dans les tombes pour accompagner les morts dans l'au-delà.

Le major Myers, ancien propriétaire de la collection présentée, est un soldat en poste en Égypte à la fin du XIXe siècle ; sans être égyptologue, il collecte par goût des petites œuvres, fasciné par leur esthétisme. De son côté, un médecin bordelais, Jean-Ernest Godard, lègue en 1863 à la ville de Bordeaux une collection égyptienne, acquise lors d'une mission scientifique dans les années 1860. Certains de ces objets, aujourd'hui conservés au musée d'Aquitaine, accompagnent ceux du musée Myers et je me réjouis de cette collaboration et de la bonne entente de leurs conservateurs.

Grâce à l'initiative et au travail des responsables de cette belle exposition qui permet à Bordeaux de rayonner sur le plan international, les Bordelais et les touristes, de plus en plus attirés par la majesté de la ville, ont la chance de s'imprégner de la beauté mystérieuse de ces trésors égyptiens à l'origine de notre civilisation.

**Alain Juppé**
Maire de Bordeaux

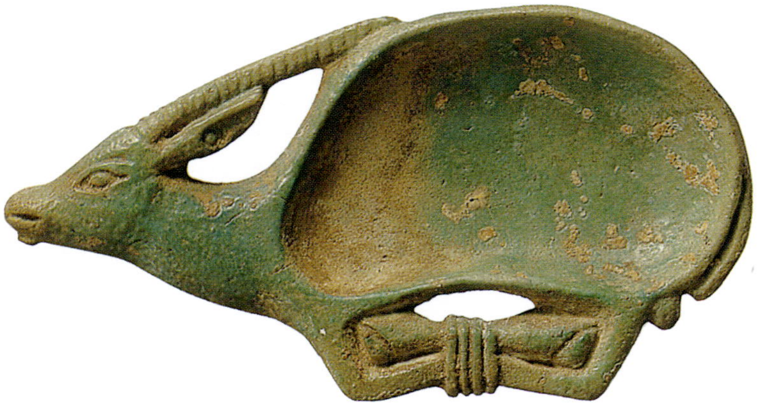

**Cuillère à fard en forme d'oryx (cat. 34)**
*Vers. 1375 av. J.-C.*

Il est peu commun pour un lycée, fût-il aussi ancien et célèbre qu'Eton College, de posséder une vaste collection d'antiquités égyptiennes. Nous avons cette chance grâce à William Joseph Myers, un remarquable soldat et collectionneur qui a fréquenté notre établissement de 1871 à 1875 avant de revenir y vivre et travailler en 1898.

La maison de Myers à Eton regorgeait de splendides œuvres d'art de petite taille qu'il avait collectées durant son service actif en Égypte entre 1882 et 1887, ainsi qu'au cours d'autres séjours effectués après son départ de l'armée. Le major Myers aimait beaucoup Eton, et il adorait dévoiler ses trésors aux garçons qui affluaient chez lui le dimanche. Par conséquent, lorsqu'il mourut au combat à Farquhar's Farm, en Afrique du Sud, après être retourné volontairement sous les drapeaux pour la guerre des Boers, personne ne fut surpris d'apprendre qu'il avait légué la plus belle partie de sa collection à son ancien lycée. Ainsi avait-il écrit dans sa dernière lettre à son frère : « Je suis profondément attaché à Eton et si je n'ai pas été en mesure de faire davantage pour le lycée, c'est que mes moyens ne me le permettaient pas. Je pense que d'autres personnes poursuivront le travail accompli en apportant leur aide au musée et à la bibliothèque. J'ai passé à Eton les plus belles heures de ma vie et j'ai envers mon lycée une dette infinie. »

Eton College a été fondé en 1440 ; le principal objectif de notre institution consiste bien sûr à fournir à ces garçons une éducation scolaire complète de premier ordre. Depuis plus d'un siècle, la collection du major Myers et l'enseignement qui l'accompagne ont incité plusieurs générations d'élèves à s'intéresser à l'éclatante civilisation de la vallée du Nil. Et de plus en plus, Eton a plaisir à partager cette source de ravissement avec d'autres institutions, au-delà des grilles du lycée. D'où cette exposition qui, pour la cinquième fois seulement, offre au public une grande partie de la collection Myers hors du Royaume-Uni.

Nous espérons de tout cœur que les magnifiques pièces de la collection égyptienne du major Myers trouveront un public enthousiaste et sensible parmi les habitants de Bordeaux. Car c'est pour nous une joie et un honneur de pouvoir établir des liens aussi agréables, tant en matière d'érudition que d'esthétique, avec une ville qui est aussi ancienne que célèbre.

**Eric Anderson**
Principal du College d'Eton

Présenter trois mille ans d'art décoratif de l'Égypte antique est une exposition qui est, à notre connaissance, la première sur ce thème en France. Notre volonté n'était pas suffisante pour rendre possible un tel événement qui demandait des connivences plus profondes ; voyages et contacts furent nécessaires. À Turin, la collection du musée égyptien étant déjà prêtée, la directrice Eleni Vassilika, que je remercie encore, nous mit en contact avec le conservateur du musée Myers, du Collège d'Eton ; Nicholas Reeves accepta de nous prêter avec enthousiasme cent chefs-d'œuvre d'art décoratif égyptien de cette collection. Confidentielle, seulement connue par les spécialistes pendant une centaine d'années, elle est révélée en 2000 à New York grâce au Metropolitan Museum et en 2003 à Leyde où elle a suscité l'enthousiasme des publics américain et hollandais. Le catalogue de l'exposition n'a pu se faire qu'avec la complicité des dirigeants de ces deux musées à qui j'adresse aussi mes remerciements. Il est peut-être inhabituel de décrire dans une préface les démarches précédant une exposition, mais je tiens à souligner combien ont été importantes les relations confraternelles d'estime et de confiance entre les musées au niveau international.

Parmi les petites merveilles exposées aujourd'hui, nous avons choisi comme image de cette manifestation un pectoral en électrum, alliance naturelle d'or et d'argent, trouvé sur la poitrine de Sithathor, fille du pharaon Sénousret II (XII$^{e}$ Dynastie, 1897-1841 av. J.-C.) ; ce bijou, symbolique et religieux, provient du trésor royal de Dahchour ; son cadre architectural évoque la parfaite maîtrise de la ligne des architectes égyptiens transposée sur cette parure.

S'il est vrai que la puissance et la grandeur des pharaons ont trouvé dans l'architecture monumentale un instrument de domination religieuse et politique, leur part d'humanité se reflète davantage dans l'esthétisme de leurs objets décoratifs, fil conducteur de cette présentation en relation avec l'esprit des collections de notre musée.

**Bernadette de Boysson**
Conservateur en chef
Directeur du musée des Arts décoratifs de Bordeaux

# Chronologie

| ***Période*** | ***Dynastie*** | ***Dates*** |
|---|---|---|
| Période prédynastique | Badari-Négada I-III | vers 5430-3000 av. J.-C. |
| Période archaïque | Ire Dynastie-IIe Dynastie | vers 3000-2649 av. J.-C. |
| Ancien Empire | IIIe Dynastie-VIe Dynastie | vers 2649-2150 av. J.-C. |
| Première période intermédiaire | VIIIe Dynastie-XIe Dynastie | vers 2150-2040 av. J.-C. |
| Moyen Empire | moitié de la XIe Dynastie-XIIIe Dynastie | vers 2040-1640 av. J.-C. |
| Deuxième période intermédiaire | XIVe Dynastie-XVIIe Dynastie | vers 1640-1550 av. J.-C. |
| Nouvel Empire | XVIIIe Dynastie-XXe Dynastie | vers 1550-1070 av. J.-C. |
| Troisième période intermédiaire | XXIe Dynastie-XXIVe Dynastie | vers 1070-712 av. J.-C. |
| Basse Époque | XXVe Dynastie-XXXIe Dynastie | vers 712-332 av. J.-C. |
| Période ptolémaïque | | 332-30 av. J.-C. |
| Période romaine | | 30 av. J.-C.-364 apr. J.-C. |

# L'art de l'Égypte ancienne

Hans D. Schneider
*Conservateur honoraire du département égyptien du Rijksmuseum van Oudheden de Leyde*

La collection égyptienne d'Eton College est principalement composée d'objets que nous considérons comme des exemples d'arts mineurs ou d'arts appliqués. Ce sont des articles usuels, mais de nos jours, ils sont également considérés comme des œuvres d'art car l'application délibérée d'un élément esthétique n'est pas nécessaire à leur fonction première et n'affecte en rien cette fonction. Cependant, à l'époque de l'Égypte ancienne, les Égyptiens n'auraient pas compris cette façon d'appréhender les choses, car ils n'opéraient pas de distinction entre les différentes formes artistiques et ne percevaient aucune différence entre les beaux-arts et les arts appliqués : les objets égyptiens ont toujours une fonction et par conséquent, relèvent toujours des arts appliqués. Les objets reproduits et étudiés dans cet ouvrage ont été créés à l'époque pour favoriser une situation lorsqu'ils étaient entre les mains de leurs premiers détenteurs ou pour accomplir une activité particulière. Parallèlement, ils démontrent que les artistes égyptiens excellaient non seulement dans la production d'œuvres monumentales, mais qu'ils étaient également extrêmement doués dans la réalisation d'œuvres d'art de dimensions plus modestes. On pourrait ainsi les qualifier de chefs-d'œuvre de l'Égypte ancienne exécutés à petite échelle. Mais avant d'étudier ces objets dans le détail, il est nécessaire de formuler quelques remarques générales sur la nature et la fonction de l'art égyptien. Qu'est-ce que l'art égyptien et qui le créait ?

Est-ce que l'Égypte ancienne possédait des œuvres d'art au sens où nous l'entendons aujourd'hui ? En tout état de cause, les Égyptiens n'avaient pas de mot pour désigner l'art. En ce qui nous concerne, nous appliquons des critères esthétiques pour déterminer ce qui est de l'art et ce qui n'en est pas. Nous recherchons la beauté et la qualité, et nous nous demandons si une image ou un objet ressemble à la réalité ou si ce n'est qu'une illusion, en un mot, du kitsch. La signification symbolique qui transcende la fonction d'une image ou d'un objet est l'un des critères que nous considérons comme importants. Au dix-neuvième siècle, lorsque la civilisation des pharaons fut littéralement désensablée, on avait généralement l'habitude de répondre par la négative lorsque la question se posait de savoir si tel objet égyptien était ou non une œuvre d'art. Sur les traces du grand archéologue allemand Winckelmann, dans le meilleur des cas, ces objets étaient considérés comme des œuvres de second plan, car les Égyptiens n'utilisaient pas la perspective, une invention occidentale. Cet argument permit d'expliquer pourquoi leurs images et statues ne parvenaient pas à exprimer la spatialité et le mouvement, et donc la réalité. L'œil occidental était tellement habitué à la perspective que nous pouvons imaginer quelles furent ses difficultés, jusqu'à la fin du dix-neuvième siècle, lorsqu'il fut confronté au style de représentation égyptien. Lorsqu'on examine les copies de statues et de reliefs égyptiens exécutées sous forme de dessins, on constate qu'elles présentent souvent un style de graphisme purement européen. Cependant, quand on s'intéresse aux convictions des habitants de l'Égypte ancienne, on voit bien que pour eux, trop de vérité et de réalité, l'adjonction d'une valeur symbolique supplémentaire, et sans aucun doute, la qualité et la beauté étaient des conditions qui devaient être satisfaites pour qu'un produit passe pour de l'art. Ceci explique pourquoi la perspective était absente de leur style de représentation. La vérité et la réalité avaient, pour les Égyptiens, des significations différentes de celles qu'elles ont pour nous. Nous comprenons le réalisme ou le naturalisme de leurs œuvres, car nous reproduisons le monde qui nous entoure tel que nous le percevons à un moment et d'un point de vue donnés. Les Égyptiens, en revanche, croyaient en un idéal divin de la beauté. Ils cherchaient à représenter le monde et tout ce qu'il renferme tel qu'il était lorsqu'il fut créé par les dieux, sans les imperfections introduites ultérieurement par l'intermédiaire des activités humaines. L'authenticité de la création primitive était la norme. L'idée de « qualité » était exprimée par le mot *menekhu*, qui signifie « excellence » ou « parfaite efficacité ». La qualité d'une œuvre d'art était déterminée par sa proximité avec la qualité absolue et la beauté superlative de la création primitive. Les artistes égyptiens tentaient toujours de rendre leurs œuvres à la fois plus belles et plus parfaites que celles de leurs prédécesseurs, et prenaient toujours pour modèle la perfection de l'ère primitive, « l'ère du dieu créateur Rê ». En même temps, ils savaient que les êtres humains ne pouvaient pas parvenir au niveau suprême. Cette humilité n'a jamais été mieux exprimée que par la phrase prononcée par le sage Ptahhotep vers 2400 av. J.-C. : « Personne n'atteint jamais les limites de l'habileté, aucun artisan n'est jamais complètement qualifié. »

L'idée que les Égyptiens se faisaient de la vérité les conduisait, dans la pratique, à transcrire la vie et la nature dans des formes idéales. La norme de l'art égyptien était établie non pas par ce qui est éphémère et transitoire, mais par ce qui est idéal et typique. C'est la raison pour laquelle la restitution naturaliste d'une personne – le portrait – est en principe inconcevable dans l'art des pharaons. Les personnes étaient représentées sous leurs traits les plus parfaits – à leur apogée, au cœur de leur jeunesse. L'image était associée à une personne spécifique grâce à des inscriptions du nom et à d'autres informations sur le sujet du « portrait ». Bien que l'absence d'une ressemblance parfaite ne signifie pas que ces portraits soient dépourvus d'émotion, il est préférable d'y voir l'expression d'une humanité éternelle ramenée à l'essentiel. Le style caractéristique grâce auquel les Égyptiens représentent la réalité s'affirme nettement dans les œuvres d'art autour de 2600 av. J.-C., c'est-à-dire pendant la transition entre la troisième et la quatrième Dynastie. Les principes de base ou les conventions du style pharaonique qui s'imposent à cette époque sont encore visibles dans les toutes dernières œuvres de l'art égyptien, exécutées sous l'empire romain, aux premiers siècles de notre ère. Les artistes pouvaient recourir à ces conventions qui, en outre, représentaient d'énormes défis. De nombreux exemples démontrent que dans le cadre de ces pratiques devenues presque sacrées au fil des siècles, les artistes continuèrent à exprimer leur imagination, leurs goûts et leur virtuosité personnels avec des résultats surprenants. Ils travaillaient constamment dans un champ de forces situé au carrefour de l'éternel, de l'idéal divin et de la réalité quotidienne et humaine. Et ce sont précisément les œuvres que nous plaçons aujourd'hui dans la catégorie des arts mineurs qui offrent de splendides exemples de cette tradition.

Le principe de l'art égyptien le plus frappant est le choix des artistes d'éviter l'illusion. Les artistes égyptiens ne représentaient pas la réalité telle qu'elle est perçue par l'œil humain, mais plutôt telle qu'elle est censée être. Par conséquent, ils projetaient tous les aspects de l'objet à représenter sur la surface plane. En d'autres termes, les Égyptiens exprimaient l'espace en deux dimensions, sans recourir à la perspective. Quand on applique les règles de la perspective, on dépeint l'objet à représenter d'un certain point de vue. On utilise des raccourcis et des lignes de fuite pour donner l'impression de ce que l'on voit, à un moment fugace. Les raccourcis ont été écartés de la façon de penser magique des Égyptiens parce qu'ils impliquaient de raccourcir et donc d'affaiblir la réalité. Les chevauchements n'étaient pas autorisés, car on considérait que si certaines choses ne pouvaient pas être vues, elles ne pouvaient pas exister. C'est la raison pour laquelle les artistes égyptiens « disséquaient » leurs sujets : ils composaient des représentations en deux ou trois dimensions à partir de différents éléments, chacun d'entre eux fournissant des informations sur l'ensemble. Si l'artiste travaillait en deux dimensions, il montrait toujours l'aspect le plus caractéristique de ces parties séparées : un œil montré frontalement, un visage de profil, une personne assise formant un ensemble, et donc vue de dessus. Une maison était représentée avec tous ses éléments et détails en dessinant également les parties invisibles sur la surface plane. Sur une seule et même image, on pouvait associer ce que nous montrons de nos jours grâce aux plans au sol et aux coupes de la construction. L'objectif était d'enregistrer le plus grand nombre possible de détails de façon à ce que le spectateur puisse accéder à une reconstitution complète de la réalité. Le même principe planimétrique était appliqué pour les sculptures en trois dimensions : les statues sont réalisées à partir de surfaces parfaitement alignées les unes par rapport aux autres, ce qui leur donne un aspect puissamment frontal.

Il existait également des conventions relatives à l'utilisation de types visuels et de thèmes décoratifs. Les officiels de haut rang étaient généralement représentés sous les traits d'intellectuels en train de lire ou d'écrire, et la momie d'un défunt déifié devait ressembler à Osiris. Les statues de dieux et de rois ont leurs propres formes et attributs, presque immuables. Les personnes (et les événements de leur vie) suivaient le principe de la vérité divine et étaient donc montrées sous leurs traits idéaux – jeunes, assises ou debout au repos. Les femmes sont minces et belles, les hommes fiers, beaux et dignes. Contrairement aux membres de l'élite, que l'on prenait soin d'idéaliser, les figures de rang inférieur, généralement anonymes – les ouvriers, les soldats, les étrangers et les ennemis –, étaient ressemblantes et représentées avec toutes leurs imperfections physiques, par exemple une cage thoracique décharnée, une peau ridée, une calvitie naissante ou des jambes arquées. Ils existent dans toutes sortes d'attitudes, dans l'exercice de leur profession, en train de jouer, de se battre, ou d'implorer un pardon. Ce sont les œuvres de petites dimensions qui offrent les plus beaux exemples de ce réalisme.
Parmi les autres conventions du code visuel, on remarque que les personnes importantes sont plus grandes que celles de moindre importance ; que les dieux et les rois sont de la même taille ; que les étapes successives d'un événement ou d'une action sont incorporées dans une seule scène ; que des sujets différents, mais dont les thèmes ne sont pas éloignés, sont juxtaposés sans tenir compte de leurs relations effectives, les uns par rapport aux autres, dans la réalité ; que des scènes sont construites en empilant des frises les unes sur les autres – la frise du bas représentant ce qui est le plus près du spectateur et celle du haut ce qui en est le plus loin.

L'utilisation des couleurs était également codifiée. Chez les Égyptiens, la couleur, la peau, la nature et le caractère étaient des concepts liés. C'est la raison pour laquelle les couleurs étaient rarement omises, car les figures sans couleur étaient considérées comme incomplètes. La gamme des couleurs était limitée : le noir, le blanc, le jaune, le rouge, le vert et le bleu, avec l'adjonction de certaines teintes intermédiaires à partir de la dix-huitième Dynastie. La peau des femmes était jaune, celle des hommes rouge. Les Égyptiens croyaient que les dieux avaient la peau dorée, et utilisaient donc un jaune doré pour réaliser leurs images. Les couleurs supplémentaires, le noir et le vert, celles de la résurrection et de la fertilité, étaient réservées à Osiris, dieu du royaume des morts et des nouvelles récoltes. Les couleurs étaient appliquées dans des champs pratiquement sans transitions, car il n'était pas jugé utile d'indiquer les effets de la lumière et des ombres. Les figures étaient définies par leurs contours, généralement exécutés en noir ou en rouge.

L'écriture hiéroglyphique est un élément fondamental de l'art égyptien. En Égypte, les signes et le langage ne faisaient qu'un, car le langage était écrit avec des signes. Les hiéroglyphes sont des représentations de phénomènes naturels, de personnes, d'animaux et de choses. Chaque hiéroglyphe avait une caractéristique et, par conséquent, une signification générale et irrévocablement valable. Fréquemment, les œuvres d'art comprenaient des inscriptions qui nommaient la personne représentée. D'autre part, les inscriptions conféraient un ordre à la composition. De nombreux objets sont en fait entièrement créés à partir d'un ou de plusieurs hiéroglyphes, ce qui permet de les « lire ». Ils ont la fonction d'une amulette, objet qui servait à protéger son propriétaire contre le mal et à lui porter chance. Parmi les amulettes les plus courantes, citons le scarabée (« devenir »), l'œil *oudjat* (« santé »), le hiéroglyphe *ânkh* (« vie »), le *ouadj* ou tige de papyrus (« jeunesse, joie »), le hiéroglyphe *djed* (« stabilité ») et le hiéroglyphe *sa* (« magie »). L'art de l'Égypte ancienne était au service de la religion et de la magie. C'était une façon de préserver la création parfaite des dieux, du cosmos dont l'Égypte était le centre et de pharaon, le roi, en équilibre, et de la protéger contre les forces obscures qui constituaient une menace constante pour l'ordre du monde. L'art était le moyen permettant à la création des dieux de continuer à exister pour toujours, y compris après la mort. Les objets d'art égyptiens ont donc toujours une fonction spécifique et, en principe, ne sont jamais réalisés avec l'art pour seule finalité. Les représentations étaient prises pour la réalité : dans l'acte consistant à dessiner ou à sculpter, l'artiste insufflait la vraie vie. Un sculpteur égyptien était appelé *se-ânkh-en-iner*, « celui par qui la pierre prend vie ». Le temple était la recréation de la colline primitive sur laquelle le dieu soleil apparut pour la première fois pour créer le cosmos. Un temple ou une statue funéraires avaient pour objet de rendre une divinité ou une personne visible afin qu'il ou elle puisse être protégé, comme s'il s'agissait d'un être vivant. Les chaouabtis, statuettes qui étaient enterrées dans la chambre funéraire, représentaient le défunt et prenaient vie grâce à l'incantation inscrite sur elles, et les amulettes étaient destinées à protéger les personnes qui les portaient contre le mauvais sort ou les dangers. Comme ils croyaient que le monde des morts était la continuation de la vie sur terre, les Égyptiens emportaient dans leur tombe divers éléments de leur existence terrestre : des statues d'eux-mêmes, de membres de leur famille et de leur personnel, des objets usuels et des babioles qu'ils appréciaient particulièrement, tels des bijoux, ainsi que des articles dont ils avaient besoin pour survivre dans le royaume des morts : des amulettes, des statuettes et des textes sur des objets et les murs de la chambre funéraire destinés à repousser le mauvais sort et à attirer la bonne fortune. C'est grâce à cette volonté de s'accrocher à la vie à tout prix que nous avons pu accéder à autant d'informations sur la civilisation des pharaons, à un volume de témoignages bien supérieur à ceux de la plupart des cultures antiques.

La plupart des techniques utilisées pour réaliser les œuvres d'art avaient été élaborées pendant la période préhistorique, c'est-à-dire entre environ 4000 et 3100 av. J.-C. Les principes de base de ces techniques sont restés inchangés jusqu'à la fin de la civilisation égyptienne. Les outils étaient simples et intemporels : des scies, des forets et des burins d'abord en cuivre, puis en bronze – les outils en fer furent introduits vers 1000 av. J.-C. –, ainsi que de solides masses en pierre. Le sable humide était utilisé comme abrasif. La plupart des matières premières étaient disponibles en Égypte. Rares sont les pays au monde à posséder une variété de pierres aussi étendue. Les principaux sites d'extraction des pierres et des minéraux étaient Memphis (calcaire), Hatnub (albâtre), Assouan (granit, diorite, stéatite), la péninsule du Sinaï (cuivre, malachite et turquoise), et le désert oriental qui s'étend entre le Nil et la mer Rouge (pierres, plusieurs métaux tels que l'or, le cuivre, l'étain et le plomb, ainsi que des pierres précieuses telles que l'agate, la cornaline, l'améthyste, le feldspath et le jaspe). Les mines d'or les plus riches étaient situées dans le désert de Nubie. Le lapis-lazuli était extrêmement populaire, mais cette pierre très onéreuse n'était pas présente en Égypte et, selon certains documents, était importée d'Afghanistan.

Les créateurs d'objets usuels onéreux utilisaient principalement des minéraux qu'ils considéraient comme des produits divins. Chacun d'entre eux avait sa propre signification symbolique et sa mythologie. Les Égyptiens les appelaient les Pierres Sacrées et le désert oriental où se trouvaient les principaux sites d'extraction était appelé la Terre de Dieu. Les temples, demeures des divinités, étaient appelés Montagnes Sacrées parce qu'ils étaient censés reproduire les chaînes montagneuses situées à l'est. Les minéraux bruts étaient donc conservés dans les entrepôts du temple. On croyait que les minéraux avaient des couleurs, des reflets et une telle brillance parce qu'ils avaient été touchés par les dieux.
L'intensité des reflets, qui étaient souvent révélés ou rehaussés par les interventions humaines (le raffinage et le polissage), déterminait non seulement la valeur matérielle, mais aussi la signification magique et symbolique des différentes matières premières. Il y avait une hiérarchie des minéraux et des métaux. Les plus importants étaient l'argent et l'or – appelés *bia*, « choses merveilleuses » – et les pierres minérales brillantes : le

lapis-lazuli, la turquoise et la faïence (une céramique produite à partir de minéraux). Ces cinq matériaux étaient considérés comme des émanations des principales sources de la lumière présentes dans le firmament : le soleil, la lune et l'étoile Sothis (Sirius). Ils étaient plus particulièrement associés à Hathor, le soleil nocturne. L'une des épithètes attribuées à cette divinité était : « Celle qui fait exister les minéraux. »

La faïence était obtenue en mélangeant du sable de quartzites avec des sels, un peu de chaux, et du pigment réalisé avec du minerai de cuivre finement moulu. Porté à très haute température, l'objet se couvrait automatiquement d'une glaçure colorée. La faïence était utilisée pour remplacer l'onéreuse turquoise et le lapis-lazuli, encore plus précieux. Les Égyptiens appelaient la faïence *tjehenet*, littéralement « ce qui est brillant, scintillant ». Ils voyaient en elle la matérialisation de la lumière divine qui est source de vie, de résurrection et d'immortalité. Hathor et Thot, divinités qui fonctionnent dans la mythologie comme les fournisseurs et les porteurs du soleil et de la lune – les yeux du soleil – ont l'épithète *tjehenty*, « éblouissant ».

L'industrie de la faïence atteignit son apogée pendant la dix-huitième Dynastie et bénéficia d'un retour en grâce pendant la Troisième période intermédiaire (vers 1070-700 av. J.-C.). En dépit du chaos politique et des troubles sociaux qui caractérisent l'Égypte de cette période, des chefs-d'œuvre importants ont été créés sous les pharaons des vingt et unième et vingt-deuxième Dynasties. Ils se distinguent par des innovations dans le domaine de l'iconographie et de la technique. En termes de beauté et d'habileté des artisans, les objets de petites dimensions de cette époque ne sont en aucune façon inférieurs aux œuvres monumentales des périodes précédentes ou ultérieures. Les artistes de l'atelier de Tounah el-Gebel, l'un des premiers centres de production de faïence, faisaient à cet égard de véritables miracles. Ils ont créé un grand nombre d'objets qui sont aujourd'hui conservés dans la collection Myers. Il convient ici de souligner que le mot « faïence » peut induire en erreur, car il dérive de Faenza, la ville italienne où – à la fin du Moyen Âge – on fabriquait des poteries brillantes que l'on appelle aujourd'hui des majoliques.

Nous concluons cette introduction par quelques remarques sur les artistes. Compte tenu de la fonction qui était celle de l'art au sein de la société égyptienne, il est possible d'affirmer que les artistes et les artisans formaient en Égypte un secteur professionnel. Dans la pratique, la production des œuvres d'art impliquait un travail d'équipe. Plusieurs individus participaient au processus de production, et chacun d'entre eux contribuait dans sa spécialité : des dessinateurs, des artisans qui découpaient les contours des reliefs, des sculpteurs, des ouvriers qui mélangeaient les pigments, des peintres, des charpentiers, des maçons, des fondeurs de bronze, des spécialistes des métaux et pierres précieux, des producteurs de faïence, etc. Les œuvres réalisées par les ateliers d'artistes pour les chambres funéraires démontrent que l'ensemble de ces spécialistes travaillaient simultanément à la production des différents objets. La plupart d'entre eux, cependant, se contentaient de donner forme à des idées que d'autres avaient imaginées. L'art égyptien est donc fortement orienté vers l'artisanat. Il n'y a pas de mot pour « artiste » ou « art » en égyptien. Hemut, la « compétence technique », était le mot qu'ils utilisaient pour la création artistique. Le hiéroglyphe qui correspond à ce mot représente une mèche à pierre !

Généralement, les œuvres d'art égyptiennes sont anonymes. Les artistes travaillaient en groupe et leur savoir-faire, comme pour tous les autres métiers, était transmis de père en fils. On connaît les noms d'un grand nombre d'artistes, mais à de rares exceptions près il n'est guère possible de les rapprocher d'une œuvre spécifique. Les œuvres d'art n'étaient presque jamais signées.

Les ateliers des artistes étaient établis dans les palais royaux et dans les grands temples. La supervision relevait des officiels de haut rang, tels que le directeur du trésor et de tous les travaux publics, ou le grand prêtre de Ptah à Memphis et le grand prêtre d'Amon à Thèbes.

L'intervention personnelle du pharaon dans les projets artistiques était certainement considérable. Après tout, c'était lui qui passait les commandes importantes grâce auxquelles son rôle de représentant des divinités sur terre et de roi au centre du cosmos était présenté au public, et qui influençait la façon dont ces projets étaient menés à bien. Nous savons que le roi Sahourê de l'Ancien Empire (vers 2485 av. J.-C.) donnait des instructions sur la peinture des monuments. Le style grave, semblable à des portraits, des images représentant les différents pharaons pourrait avoir été décrété par les dirigeants eux-mêmes. Le pharaon Akhénaton développa une vision de la nature qui reposait sur sa religion personnelle et l'introduisit délibérément dans les œuvres d'art. Il donnait lui-même des instructions à Bak, son sculpteur préféré.

On soupçonne même que les bijoux offerts par Akhénaton à ses amis en certaines occasions festives étaient conçus par lui. Le pharaon Shéshonq Ier, de la vingt-deuxième Dynastie, aurait également exercé une influence personnelle sur l'art de son temps. Son règne assista à l'émergence des calices majestueux en forme de fleur de lotus et ornés de reliefs, qui furent inspirés par la mythologie de la création d'Hermopolis. Ces reliefs sont emprunts d'une vivacité, d'émotions et d'un sens de l'espace grâce auxquels les artistes de Shéshonq Ier démontrèrent qu'ils préféraient exprimer le caractère transitoire de l'existence plutôt que l'intemporalité qui caractérise le style pharaonique traditionnel.

Cependant, les véritables artistes de l'Égypte étaient bien entendu les personnes qui imaginaient les concepts artistiques et qui les exprimaient en associant leur formidable talent à un haut niveau de compétences techniques. Ces artistes étaient également érudits, car ils avaient une connaissance approfondie des manuscrits, de la religion, de la mythologie et des matériaux égyptiens.

Ce sont ces intellectuels et ces concepteurs polyvalents qui avaient la charge de la production artistique. Contemporain d'Aménophis III, le grand artiste Nebamon, de Thèbes, était l'un de ces hommes, de même que son collègue Apouya, chef des ateliers royaux de Memphis. Les artistes qui bénéficiaient du plus grand prestige étaient ceux qui travaillaient avec de l'or et des pierres précieuses. Le *Imyronubtiu*, « superviseur des orfèvres », était le maître qui dessinait les formes et les motifs. Dans la hiérarchie des ateliers, il était suivi par le *Neshdy*, « tailleur de pierres précieuses », qui était spécialisé dans la production de petites sculptures et qui taillait les éléments en pierre précieuse et en verre incrustés ensuite dans des supports en métal ou en bois. Le *Baba* et le *Iru-khesbed*, « fabricants de faïence », produisaient des bols, des timbales, des statuettes de divinités, des chaouabtis et des amulettes. Pendant la dix-huitième Dynastie, le champ des activités de ces deux spécialistes s'ouvrit à la fabrication du verre, un artisanat dans lequel aucune région du monde ne pouvait à l'époque concurrencer l'Égypte. Le *Setro* n'exécutait que des bijoux portés autour du cou, notamment des colliers et des chaînes, et travaillait en étroite collaboration avec le *Iru-wesbet*, le *fabricant de perles*.

Grâce à leur profession, les artistes réputés pouvaient gravir facilement la plupart des échelons de la hiérarchie sociale. Nombre d'entre eux vivaient à la cour et se voyaient décerner « l'or de l'honneur », la plus haute distinction que pouvait recevoir un sujet du pharaon. Un grand nombre d'artistes faisaient partie des célébrités de l'Égypte. Les pharaons devaient la vitalité de leur civilisation au grand talent de leurs artistes, traducteurs de la vérité. C'est précisément cette vitalité que les artisans les plus doués exprimaient également dans les petits chefs-d'œuvre égyptiens.

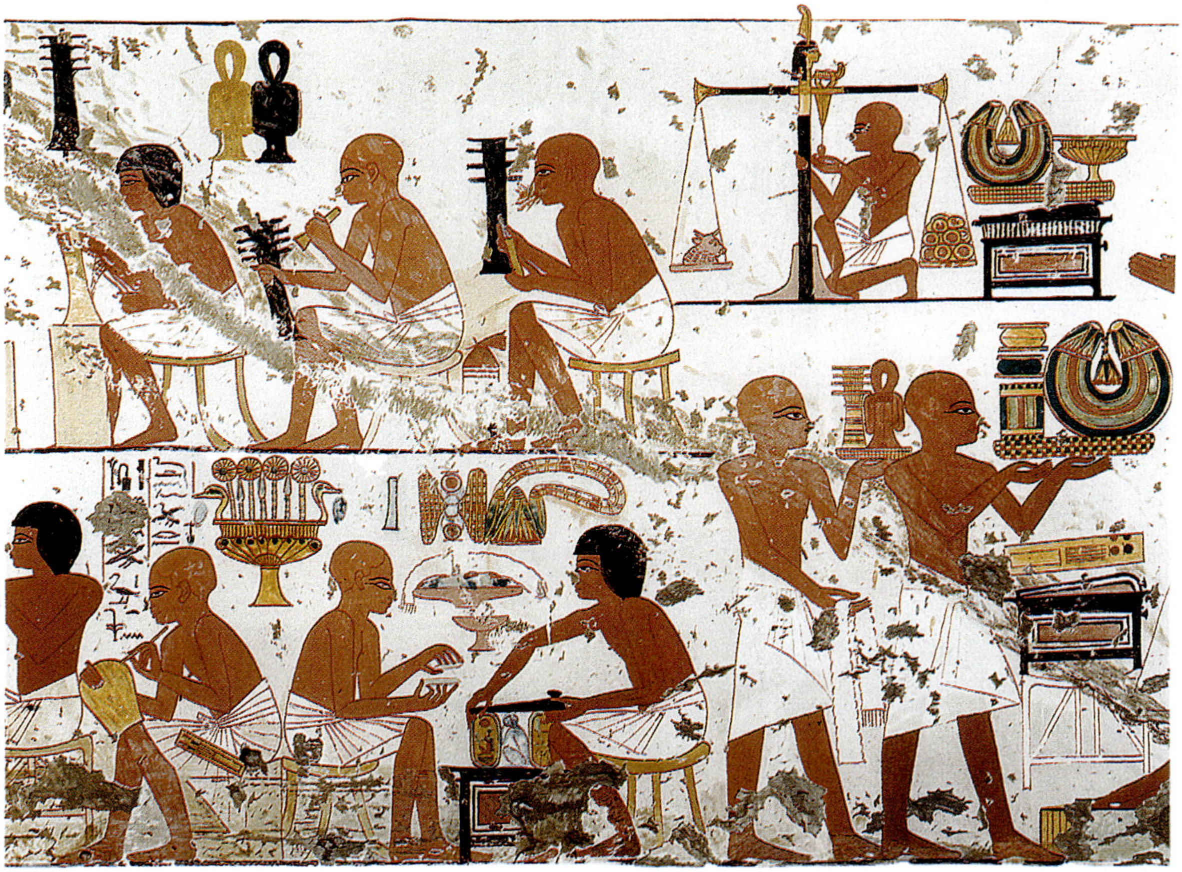

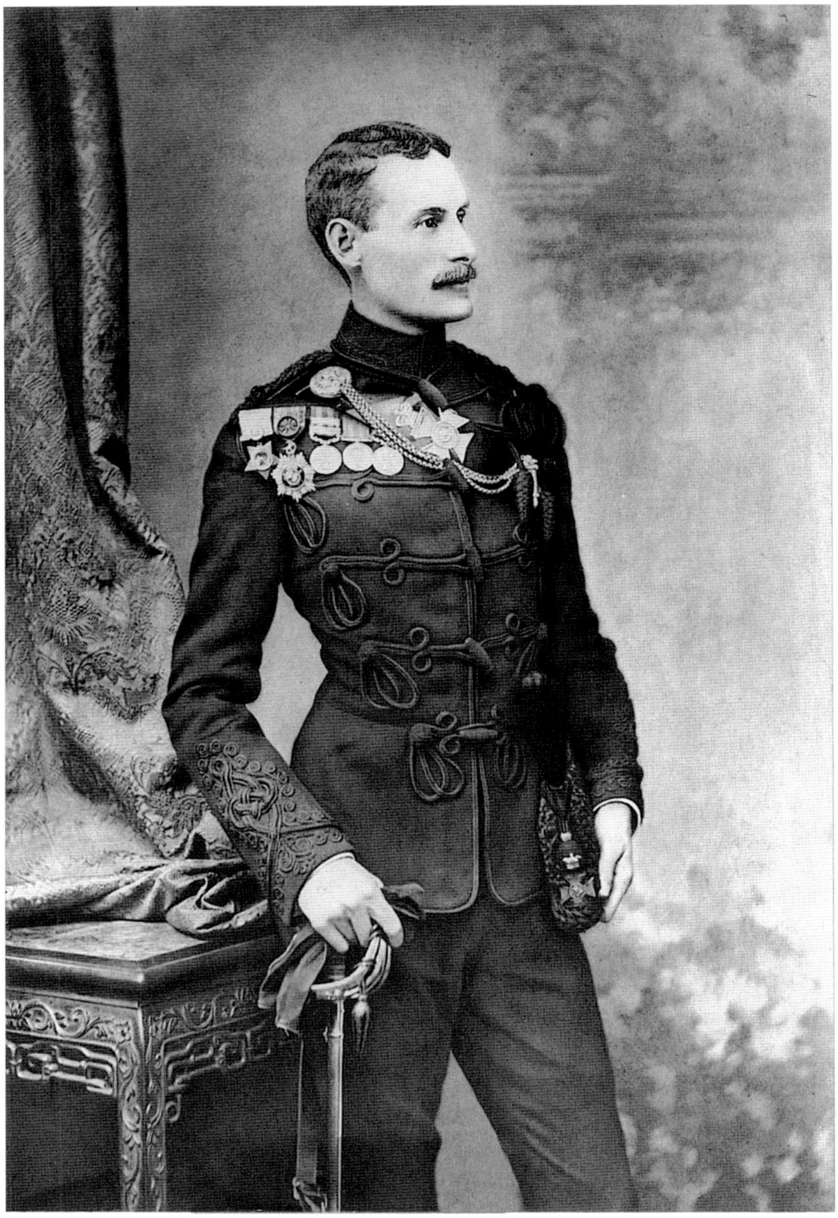

# Major W. J. Myers : soldat et collectionneur

STEPHEN SPURR
*Conservateur honoraire du Musée Myers, College d'Eton, Windsor*

Le Collège d'Eton (dont le nom officiel est « King's College of our Lady of Eton, beside Windsor ») fut fondé par une charte royale octroyée par Henri VI, le 11 octobre 1440. Au cours des cinq siècles et demi qui se sont écoulés depuis sa création, Eton a formé des Premiers ministres, des soldats, des écrivains et des hommes célèbres dans tous les domaines. Au fil des années, plusieurs anciens élèves ont exprimé leur gratitude envers leur école sous forme de dons et de legs. Parmi ses trésors, Eton possède une bibliothèque d'ouvrages anciens, une importante collection de peintures, ainsi qu'un ensemble impressionnant d'objets en argent. Ce qui est peut-être plus inattendu, c'est que le Collège abrite également une collection d'art décoratif égyptien reconnue comme une des plus intéressantes du monde. Conformément à son testament, elle fut léguée par le major William Joseph Myers (à Eton de 1871 à 1875) afin d'inspirer les futures générations d'élèves.

Lorsqu'il quitte Eton, Myers est admis à l'Académie royale militaire de Sandhurst. Au terme de sa formation, il est affecté au King's Royal Rifle Corps (brigade d'infanterie), au sein duquel il servira pendant seize ans, jusqu'en 1894. À vingt-quatre ans, il a déjà participé à la guerre contre les Zoulous et arrive en Égypte pour la première fois à l'aube du 3 novembre 1882. Il est alors aide de camp du général Frederick Stephenson, qui vient d'être nommé commandant en chef au Caire. Les troupes britanniques ont commencé leur occupation de l'Égypte, qui se poursuivra jusqu'en 1954. Il débarque à Alexandrie, qui est encore sous le coup des bombardements dirigés contre la ville par la flotte anglaise quatre mois plus tôt et de la bataille terrestre qui s'ensuivit. Dans un premier temps, compte tenu du contexte, Myers n'est pas enthousiasmé. Heureusement, M. Cook, qui est le fils du fondateur de l'agence de voyages, est disponible et l'aide à s'y retrouver dans la foule et la confusion. Jetant sur la ville le regard d'un soldat, Myers observe « des canons renversés un peu partout [...] d'énormes obus, dont plusieurs n'ont pas explosé, jonchant le sol, et dans les magasins de grandes quantités de munitions égyptiennes ».

Le soir même, Myers se rend au Caire, où il séjourne au Shepheard's Hotel. Il rejoint son régiment le lendemain matin dans une caserne réquisitionnée auprès d'une armée égyptienne en déroute : « La situation est un peu difficile, mais lorsque nous aurons reçu la vaisselle, ça ira mieux. Pas de cuisine pour le moment, ni pour les officiers, ni pour personne, mais nous allons en construire une. » Au cours de cette même première après-midi, Myers a « traversé le Nil pour aller voir le terrain de polo. Puis [s'est rendu] à l'opéra, pour acheter un billet ».

Ces phrases sont extraites de son journal qui, à ce jour, n'est pas encore publié, et qui brosse une peinture fascinante de la vie militaire, sociale et archéologique de l'Égypte de cette période. Myers ne tarde pas à s'introduire dans le cercle plaisant et civilisé de la société anglaise. Il va au théâtre, à l'opéra, dans les salles de concert. Il assiste régulièrement aux matchs de polo du club de Guezireh et chasse le canard et la caille sur les rives du Nil. Son journal abonde rapidement en descriptions teintées des couleurs locales : visites de mosquées et d'églises coptes ; achats de tapis, de lampes, de velours et de carreaux de céramique dans les bazars ; spectacles des derviches tourneurs.

Mais ce n'est que le 1er février 1885, soit plus de deux ans après son arrivée en Égypte, que Myers embarque à bord d'un superbe bateau mis à sa disposition par le khédive. L'organisation des approvisionnements et la direction du personnel sont confiées à M. Cook. Quelques jours auparavant, Myers a fait la connaissance d'Émile Brugsch, conservateur adjoint au musée de Boulac (actuel Musée égyptien du Caire) : « Sommes allés ce matin au musée de Boulac que Brugsch bey nous a fait visiter [...]. C'est un homme charmant. » L'intérêt de Myers pour l'Égypte ancienne s'intensifie alors considérablement. Brugsch, qui serait un fils naturel du kaiser Wilhelm I, savait où se procurer les plus beaux objets anciens et aida Myers à créer sa collection jusqu'à la fin de ses jours.

Pourquoi Myers a-t-il attendu plus de deux ans avant de partir en croisière sur le Nil ? Tout d'abord, les voyageurs du dix-neuvième siècle accordaient davantage d'attention au Caire que leurs homologues contemporains. Mais surtout, les autorités britanniques avaient beaucoup à faire pour rétablir la stabilité. Ce fut d'ailleurs une période difficile pour le jeune Myers. Il souffrait d'un ulcère à la jambe et plusieurs soldats de son régiment, peu habitués à la chaleur féroce de l'été, furent emportés par une épidémie de choléra. Les quelques phrases qu'il écrit le 4 juin 1883 sont empreintes d'émotion : « Je voudrais bien être à Eton, comme l'année dernière. »

En tout état de cause, son premier voyage sur le Nil dura moins de trois semaines. Le 8 février 1885, à Korosko, au sud d'Assouan, Myers apprend la terrible nouvelle de la chute de Khartoum. « Wilson a trouvé Khartoum entre les mains du mahdi, et Gordon a été fait prisonnier ou tué. Wilson était en train de rebrousser chemin avec ses deux bateaux bombardés à Khartoum lorsqu'ils ont heurté un rocher. L'un des bateaux a coulé et Wilson est dans une situation pour le moins délicate. » Un télégramme ordonne à Myers de regagner Le Caire dans les meilleurs délais.

Néanmoins, le journal abonde en descriptions des sites qu'il explora en hâte au cours de ce premier voyage. À Abou Simbel, il fut « désolé de constater que plusieurs hommes avaient ciselé leur nom sur les sculptures monumentales, ce qui est une pratique répréhensible ». À Assouan, Myers se promena seul sur l'île Éléphantine en feuilletant l'ouvrage d'Amelia Edwards, *A Thousand Miles Up the Nile*, publié en 1877 et qui faisait déjà partie des grands classiques de l'époque. « Dans les ruines de l'ancienne ville, j'ai cherché des fragments de poterie semblables à ceux décrits dans son livre par Melle Edwards. Je n'en ai trouvé aucun, mais des habitants du village voisin m'en ont donné quelques-uns. » Sur l'île de Philae, il considéra n'avoir jamais rien vu de plus beau que les colonnes du portique intérieur « et leurs superbes chapiteaux colorés [...]. Tous différents les uns des autres, ils sont censés représenter différentes espèces de fleurs. Les couleurs sont d'une délicatesse extrême et encore aussi vives que le jour où elles ont été appliquées ».

Lors de sa dernière croisière sur le Nil, en 1896, Myers avait des connaissances sur l'Égypte ancienne infiniment plus approfondies que onze ans auparavant, mais Philae l'enthousiasmait toujours autant : « C'est un lieu très intéressant et d'une grande beauté. Exception faite du Caire, peut-être m'émeut-il plus qu'aucun autre site égyptien. » Malheureusement, l'île était « infestée de touristes ». S'étant rendu sur l'île en compagnie d'un certain nombre de personnes et rentrant un peu tard, il découvrit à son retour qu'« ils avaient anéanti tout le déjeuner. Dieu nous préserve des grands groupes ».

Incidemment, son journal retrace l'éclosion du tourisme et dépeint la croissance de quelques grandes villes, telles qu'Assouan. Il décrit également les progrès de l'archéologie. Il évoque l'exhumation du colosse de Ramsès par Bagnold, l'excavation des pyramides de Dahchour par Morgan, les travaux de Naville à Deir el-Bahari et de Petrie à Hawara. À Philae, le colonel Lyons, l'un des officiers britanniques qui, à l'instar de Myers, apporta beaucoup à l'égyptologie, avait défriché et cartographié le site, mais d'une façon que le goût raffiné de son ami l'empêcha d'approuver : « Après avoir exploré le temple et les ruines que Lyons avait considérablement nettoyés, [j'ai constaté] qu'un certain nombre de palmiers ont été coupés, ce qui a gravement écorné l'aspect pittoresque du lieu. »

Dès sa première excursion sur le Nil, le goût de Myers pour l'aventure ne fut guère satisfait, car le fleuve et ses sites étaient déjà devenus pour les touristes une espèce de passage obligé. Dans la vallée des Rois, dans les collines situées derrière Deir el-Bahari, « avec le guide, nous nous sommes introduits dans un petit trou et nous avons rampé sur une trentaine de mètres jusqu'à un endroit où se trouvaient de nombreux fragments d'objets et plusieurs momies ».

Dans une grotte du désert qu'il atteignit en partant d'Assioût, accompagné par huit Arabes armés fournis par le cheikh local « pour repousser les bédouins », Myers décrit avoir « emprunté un passage difficile, sur à peu près deux cents mètres, qui s'enfonçait à l'intérieur de la colline [...] de nombreuses chauves-souris virevoltaient autour de nous [...] le sol était jonché d'innombrables débris composés de momies de crocodiles [...] l'odeur qui régnait dans ce lieu était étrange et je ne conseillerai à personne de s'y aventurer ».

Myers dut ensuite réagir à la violence de la révolte qui, au Soudan, avait conduit à la chute de Khartoum. Le chef rebelle, le mahdi, était mort subitement le 20 juin 1885, mais son successeur prévoyait toujours d'envahir l'Égypte. Le 30 décembre de la même année, une force réunissant des Britanniques et des Égyptiens, placée sous le commandement du général Stephenson, se heurta aux derviches soudanais à Ginnis, au sud d'Assouan et à mi-chemin entre Ouadi-Halfa et Dongola. Après la bataille, le général fut dûment fêté – « avons bu du champagne à la santé du général ». Des télégrammes de félicitations furent envoyés par la reine « qui s'inquiétait du sort des blessés » et par plusieurs généraux de l'empire britannique. Ce fut une victoire décisive qui mit un terme effectif à toute menace réelle susceptible d'être dirigée contre la sécurité de l'Égypte.

Tout au long de son journal, Myers manifeste son intérêt pour la couleur locale et les scènes sociales. Au festival de Tanta, il décrit des « garçons et des hommes, certains habillés en femmes, des derviches, des drapeaux, des chameaux, des tam-tams et le khalife, ou chef des cheiks, sur son cheval gris [...] précédé par une troupe d'hommes portant toutes sortes d'anciennes armures [...] censées avoir appartenu aux croisés ». Aux obsèques d'un homme noble, il remarqua la dévotion des serviteurs du derviche vêtus de robes blanches et le crâne rasé, « frappant leurs têtes et leurs fronts avec de longues épées ».

Pendant toute cette période, Myers ne cesse jamais d'enrichir sa collection. Un jour, alors qu'il discute avec le général Stephenson et le khédive, l'attention de Myers est captée par autre chose. « Ornés de diamants et d'émaux, les porte-tasses du khédive et du général étaient magnifiques. Le mien avait l'apparence d'un filigrane en or. » Comme en témoignent plusieurs pages de son journal sélectionnées au hasard entre octobre et novembre 1886, cet œil avisé pour les détails esthétiques fut le meilleur allié du collectionneur. À Louxor, alors qu'il revenait d'un autre voyage sur le Nil avec le général Stephenson principalement consacré à l'inspection de troupes jusqu'à la nouvelle frontière avec le Soudan, à Ouadi-Halfa, Myers écrivit : « J'ai utilisé le temps qui nous restait à rendre visite à des marchands d'antiquités. J'ai acheté quelques objets à Mustapha (le fils du vieux Mustapha Agha) et à Mohammed, mais ils n'avaient pas grand-chose. Idris, qui a les plus belles pièces, est de retour au Caire. » Lorsque Myers retourne au Caire le 29 octobre, « Brugsch est venu déjeuner et a beaucoup apprécié ma collection d'antiquités ». Il est tellement bien informé des lieux où il faut acheter et des personnes avec lesquelles il faut négocier les acquisitions, que les officiels britanniques de très haut rang sollicitent ses conseils : « Dans l'après-midi, je suis allé au bazar turc, j'ai visité différentes boutiques et j'ai choisi quelques objets pour lord Baring [...]. Suis allé au bazar ce matin et j'ai acheté de belles pièces de velours [...]. L'après-midi, je me suis rendu à Gizeh pour voir les marchands d'antiquités et j'ai trouvé des tapis vraiment bon marché [...]. Le matin, suis allé voir le marchand de perles avec Abdel Malik. Ceci dit, il n'avait pas grand-chose à part quelques beaux diamants. » Lorsqu'il se mettait en quête d'une bonne affaire, Myers était prêt à tout : « Je me suis vite déguisé, avec de simples vêtements et un keffieh [...]. »

La mission du général Stephenson et de Myers prit fin le 31 décembre 1887. Toute la haute société du Caire se réunit pour leur dire au revoir. Les émotions de Myers étaient fortes et douloureuses. « Dès que le général arriva [à la gare], il fut salué par les coups de dix-sept canons tirés de la citadelle. On aurait dit que tous les habitants du Caire étaient venus pour dire au revoir [...]. Il ne fait aucun doute que j'ai été très heureux au Caire et peut-être ne le serai-je jamais plus à ce point. J'ai également laissé derrière moi de très bons amis que je regrette beaucoup [...]. La matinée fut délicieuse. Je n'ai pas souvenir, en Égypte, d'une plus belle matinée que celle-ci – plus fraîche, plus lumineuse – et rien que l'idée de ce que nous risquons de trouver une fois arrivés en Angleterre me fait tressaillir ! »

Myers ne revint en Égypte qu'en 1894, quelque temps après avoir définitivement quitté l'armée. Pendant les sept années précédentes, il fut envoyé à Gibraltar, à Chypre et en Inde. Il en profita pour beaucoup voyager, notamment à travers l'intégralité du sous-continent indien, au Tibet, en Birmanie, en Russie et en Asie centrale. Il profita de l'une de ses permissions pour se rendre dans les Caraïbes et au Panama, et traversa les Andes à cheval. Tout cela est raconté dans les nombreux volumes de son journal, rédigés au crayon et reliés en cuir.

En réalité, il fit trois autres voyages en Égypte : de février à mars 1894, de mars à avril 1896 et de décembre 1896 à mars 1897. Personnage connu et respecté, il fréquentait tous les grands archéologues et collectionneurs de son temps. Il était apprécié au sein de plusieurs milieux sociaux et culturels, égyptiens et européens, comme en témoigne son journal sans une once de vanité. Au cours de ces trois dernières visites, la collection d'objets d'art égyptiens de Myers, qui était déjà importante, s'enrichit de jour en jour. Son journal mentionne continuellement des rendez-vous avec des marchands et collectionneurs plus ou moins connus, tels que Kyticas, Reinhardt, Philip, Fouquet, Dattari et Robinow ; Émile Brugsch était toujours à ses côtés et ne laissait jamais rien lui échapper.

Pendant la période où il vécut en Égypte et à chacun de ses voyages dans ce pays, Eton ne fut jamais très éloigné de ses pensées. À chacune de ses permissions, Myers visitait son ancienne école, renouait des amitiés ou tissait de nouveaux liens. On ne s'étonnera guère, dans ces conditions, que lorsque Edmund Warre, le principal du Collège, lui proposa en 1898 de devenir adjudant au sein du régiment des fantassins volontaires d'Eton, exclusivement composé d'anciens élèves d'Eton, il ait accepté avec plaisir. Les deux passions de sa vie – l'armée et les collections d'objets d'art – revenaient ainsi au centre de ses activités. Les dimanches après-midi, il prenait un immense plaisir à montrer ses trésors aux garçons du Collège. Il était à Eton au début du premier trimestre de l'année scolaire 1899-1900, lorsque son sens du devoir envers son pays et son ancien régiment l'incitèrent à s'engager dans la guerre des Boers. Cependant, les lettres qu'il écrivit pendant son voyage et peu après son arrivée en Afrique du Sud font souvent référence à Eton : il y donne des instructions aux fantassins du Collège et prend certaines dispositions au cas où son retour serait retardé. En fait, il n'est jamais revenu. Warre reçut un jour le terrible message : « Regrettons de devoir vous informer qu'un télégramme envoyé par le 1er bataillon, 60e régiment, indique que Myers a été tué au combat. » Il était tombé lors de la bataille de Farquhar's Farm, le 30 octobre. Une lettre écrite de la main du commandant précise qu'il « a reçu une balle dans la tête et qu'il est mort sans souffrance ». Les faits rapportés par le père du lieutenant Mardsen, qui mourut à ses côtés, sont encore plus poignants : « Lorsque le major Myers est tombé, mon fils et le lieutenant Johnson se sont penchés sur lui [...]. Au même moment, Johnson a reçu une balle dans l'épaule. Ensuite, mon fils a commencé à panser la plaie de Johnson et immédiatement après, il a reçu une balle dans la tête. Une mort de soldat exemplaire, tout cela s'étant passé sous des tirs nourris. » Une lettre du beau-frère de Myers, écrite le 27 octobre, soit trois jours avant sa mort, transmettait ses dernières paroles et contenait une enveloppe cachetée qui portait l'inscription suivante : « À n'ouvrir qu'après ma mort. » Dans le dernier paragraphe, il écrivit : « J'étais très attaché à Eton et si je n'ai pas été en mesure de faire davantage pour le Collège, c'est que mes moyens ne me le permettaient pas. Je pense que d'autres personnes poursuivront l'œuvre accomplie au musée et à la bibliothèque. J'y ai passé les plus belles heures de ma vie et j'ai envers eux une dernière dette. »

Le récit de l'hommage qui lui fut rendu, le 17 novembre, à Eton, se termine ainsi : « La génération qui l'a connu n'oubliera jamais le major Myers et son souvenir demeurera bien vivant à travers les innombrables preuves de son amour pour Eton grâce aux nombreuses générations qui la suivront. »

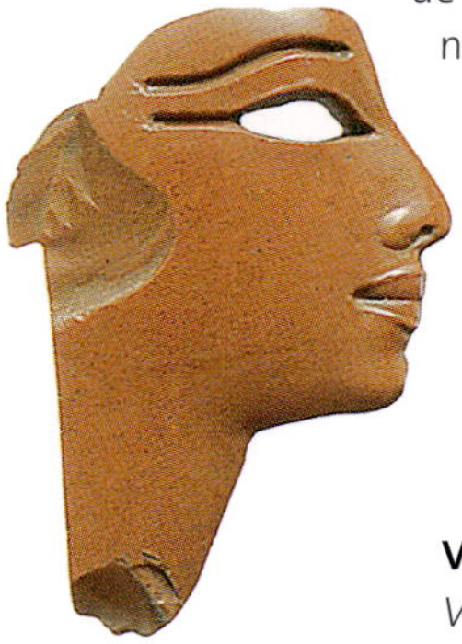

**Visage d'incrustation (cat. 61)**
*Vers 1294-1279 av. J.-C.*

# L'Égypte ancienne au musée Myers

Nicholas Reeves
*Conservateur du Musée Myers, College d'Eton, Windsor*

En 1898, quatre ans après avoir quitté l'armée, le major William Joseph Myers est de retour à Eton comme adjudant au sein du régiment des fantassins volontaires. Assez vite, cependant, l'envie de se retrouver sous les drapeaux le reprend et il décide de se rendre en Afrique du Sud pour contribuer à la défense de l'empire de la reine Victoria. Cette décision lui est fatale. Dans les quatre jours qui suivent son arrivée, Myers est tué par un tireur boer, le 30 octobre 1899, lors de la bataille de Farquhar's Farm, dans le Natal. C'est la fin tragique et inattendue d'une vie qui semblait tenue sous un charme et pendant plusieurs mois, le Collège d'Eton est en état de choc.

En dépit de son goût prononcé pour les voyages, les périodes qu'il passa à Eton furent heureuses et personne ne fut vraiment surpris d'apprendre, parmi ceux qui le connaissaient, qu'il avait pensé au Collège en rédigeant son testament. À l'époque de sa mort, sa maison à Eton, au n° 1 de Willowbrook, à proximité du pont aux cinq arches, regorgeait des trésors du collectionneur – gravures, brocarts, objets en porcelaine, en cuivre, timbres, et, bien entendu, les nombreux souvenirs de ses séjours en Égypte. Comme il était profondément attaché à son *alma mater*, une grande partie de ces objets est revenue à Eton. G. A. D. Tait, maître et ancien conservateur de la collection, a rapporté les événements suivants, dans les années 1960, dans le mémorandum interne du Collège :

> « Il [Myers] a stipulé dans son testament que M. D. Hill [qui était alors conservateur au musée d'Histoire naturelle d'Eton] aura la responsabilité de procéder à une sélection parmi ses possessions afin de créer pour l'école une collection pédagogique. D'après une remarque que Hill m'adressa peu avant sa mort, il suggérait que Myers et lui-même avaient discuté de ceci ensemble, et avaient décidé que l'intégralité de la collection égyptienne devait être offerte au Collège. Dudley Myers, son frère et légataire résiduaire, persuada le principal et les membres du Collège de l'accepter, et Hill fit de la place dans le musée d'Histoire naturelle afin de pouvoir l'accueillir. Lors de la conception des Memorial Buildings [à Eton], Warre [proviseur, puis principal] veilla à ce qu'une salle soit réservée à la collection Myers et, à l'emplacement de l'actuelle bibliothèque Macnaghten, se trouvait un espace décloisonné et revêtu de pierre, rempli de caisses enduites de vernis noir, avec les antiquités serrées les unes contre les autres, sur des planches recouvertes de feutrine rouge. Parmi les autres possessions de Myers retrouvées dans sa maison, ses lampes de mosquée, qu'il aimait tout particulièrement, furent vendues [au Victoria & Albert Museum, Londres] pour une somme ridiculement faible de 3000 £, sur sa demande ; et le reste fut vendu à Christie's. Quelques années plus tard, des antiquités égyptiennes censées faire partie de la collection Myers furent cédées par Sotheby's et certaines d'entre elles sont présentées comme telles au [British Museum, Londres] et au V&A. Malheureusement, ces objets n'étaient pas dans la maison de Myers, mais dans celle de sa sœur, près de Watford, où il se rendait régulièrement. »

En 1935, la collection égyptienne d'Eton fut transférée dans un musée Myers construit à cet effet grâce à la générosité de Eugen Millington-Drake. Elle y est restée pendant quelques années avant d'être installée dans une salle, au sommet de la Lupton's Tower. Aujourd'hui, les objets sont conservés dans la Brewhouse Gallery, où ils sont présentés comme une collection destinée à élargir la culture des garçons de son ancienne école, comme Myers l'avait souhaité. G. A. D. Tait fut le premier maître à s'intéresser sérieusement à la collection ; le poste de maître d'école-conservateur fut ensuite occupé par Michael H. Ballance, puis M. Stephen Spurr. Une charge officielle – la conservation G. A. D. Tait de l'art égyptien et classique – a été créée en 1999 et l'auteur du présent article en est le premier et l'actuel détenteur.

***Le développement du musée Myers***

Le don de Myers ne fut pas le premier lot d'antiquités égyptiennes que reçurent le principal et les membres d'Eton. En effet, l'arrivée de la collection Copeland, en 1857, avait ouvert la voie. Offerte par la veuve du capitaine Richard Copeland, un officier de la marine en charge d'une frégate responsable de la cartographie de la région orientale de la Méditerranée un quart de siècle plus tôt, la plus grande partie de la collection provenait des îles grecques de la mer Égée, Melos et Lesbos, et comprenait notamment trois superbes poteries cycladiques. Celles-ci servirent de base à une collection d'antiquités classiques – restreinte mais de qualité – qui fut complétée pendant le siècle et demi suivant, notamment en 1917 par le don du duc de Newcastle (une série de vases qui avaient fait partie de la seconde collection de William Hamilton). Parmi les objets égyptiens de la collection Copeland, outre les inévitables chaouabtis (ECM 358-62, 364, 391-92) et un vase canope (probablement ECM 1564), il convient de citer une pièce rare, le support de perruque en bois enduit et peint (ECM 1724). Décrit par le propriétaire comme provenant de « la tombe de Cambyse », il s'agit en fait d'un objet funéraire privé datant du Nouvel Empire, comparable avec un petit nombre d'autres pièces provenant de l'ancien cimetière de Saqqarah, à l'ouest du Caire actuel.

Peut-être est-ce la présence à Eton de la collection Copeland qui donna l'idée à Myers de léguer la sienne ? Nul n'est en mesure de le dire. Mais les objets attirent d'autres objets et continueront à le faire comme l'ont démontré les quelques années suivantes. La série des donations a commencé presque immédiatement après la mort de Myers, avec l'arrivée à Eton d'un ensemble de pièces provenant d'El-Amra, mises au jour par le Fonds d'exploration de l'Égypte (ultérieurement rebaptisé Société) et offert par l'intermédiaire de David Randall-MacIver. D'autres objets découverts lors des fouilles conduites à El-Amra en 1901 arrivent quelques années plus tard, ainsi qu'un grand nombre de silex préhistoriques recueillis en Égypte en 1902 par l'explorateur britannique Heywood Walter Seton-Karr.

Cependant, la collection Myers avait désespérément besoin de l'attention d'un éminent égyptologue et, heureusement, l'un d'entre eux finit par se manifester. Lors d'une visite de l'école, en 1934, Alan Wynn Shorter, du British Museum, suggéra que la présentation des collections égyptiennes d'Eton fût confiée à une ancienne connaissance de Myers, Percy E. Newberry, qui venait alors d'abandonner sa chaire de professeur d'égyptologie à l'université du Caire. La suggestion de Shorter fut accueillie avec un zèle empressé, et Newberry s'employa à installer les objets dans leur nouveau musée (voir ci-dessus) et à préparer un catalogue de base, qui n'était qu'à moitié achevé lorsque la guerre éclata en 1939. Newberry devint un excellent ami du Collège : impressionné par le caractère exhaustif des collections de faïences, à plusieurs reprises dans le cadre de ses travaux – en 1934, 1936, 1937 et 1938 – il fit preuve d'une grande générosité en offrant tout un ensemble d'antiquités qu'il avait acquises au fil des années (voir cat. n^os^ 5 et 11) afin de combler des lacunes importantes dans la collection Myers.

D'autres objets égyptiens, principalement des poteries, sont offerts à Eton en 1959 par l'archéologue Gerald Averay Wainwright et proviennent de sites qu'il avait explorés, notamment Balabish et Sawama. Puis, de nouveau, la Société d'exploration de l'Égypte lègue le fruit des fouilles qu'elle réalise en 1931 et 1932 à El-Amarna. Suivent d'autres dons d'objets égyptiens – de moindre importance – qui sont effectués par une série de donateurs généralement liés à Eton : A. Acland (1948), Mme Guy Alexander (1952), lady Burton (1945), Mme Crawley, M. et Mme Dill, musée Fitzwilliam, Cambridge (collection Gayer-Anderson), Albert Gallatin (1953), le révérend E. Hale, lady Hawley (1939), l'Institut d'archéologie, Londres (1943), H. E. R. James (1934), lady Jekyll, F. J. R. C. Jervis (1953), Henry Kay (1959), Howard Moseley (2000), David Sainsbury (1960), Spink and Son Limited (1922), G. A. D. Tait (1971), David Thomson, Annie Trotter (2000) et Agnes Warre (1946).

Alors que les dons, au fil des années, ont été fréquents, les acquisitions visant à compléter la collection ont été en revanche relativement rares. Les plus remarquables sont le fragment d'un superbe calice en faïence, orné d'un relief, exécuté pendant la XXII^e^ Dynastie (ECM 993 ; « Le fragment de Charteris », ancienne collection John Garstand), acquis en 1989, et un beau lécythe en faïence de la période ptolémaïque (ECM 2174 ; « Le vase d'Acland »), acquis en 1992. Le premier de ces deux objets a été baptisé ainsi pour rendre hommage à un ancien principal, lord Charteris, et le second en mémoire du précédent détenteur de la charge, sir Antony Acland.

***Myers collectionneur***

> « Mardi 6 mars [1894] [...] Puis, nous sommes allés voir madame Brugsch qui a fait ouvrir une bouteille de champagne pour me souhaiter bonne chance. [Monsieur Brugsch] est un très bon ami et il [...] va me constituer une petite collection pour [la]quelle je lui donnerai 100 £. »

Les collections du musée Myers d'Eton couvrent toute l'histoire de la culture dynastique égyptienne, des silex, palettes et poteries de la période prédynastique ou d'époques antérieures, aux récipients en faïence, bronzes et portraits de la période romaine ou d'époques plus récentes encore. Comme pour toutes les collections, ce sont les objets disponibles qui l'ont façonnée, et Myers a eu la chance de se trouver en Égypte à une époque où l'acquisition d'objets anciens auprès des antiquaires était légale et où une grande variété d'œuvres de qualité était disponible.

À travers certains des commentaires griffonnés dans son journal, il apparaît évident que Myers n'avait aucune prise sur les détails égyptologiques ; il n'était pas chercheur et n'en faisait aucun complexe. Contrairement à de nombreux collectionneurs de cette période, il avait donc tendance à éviter les objets d'un intérêt strictement archéologique et ne privilégiait que ce qui lui semblait agréable d'un point de vue esthétique ou intrinsèquement rare et séduisant. Ce qui l'intéressait, c'était la beauté d'un détail, le fragment que l'on peut exposer, l'objet en tant qu'œuvre d'art. C'est précisément cette sélectivité, le cachet individualiste du goût exceptionnellement raffiné de Myers qui rend cette collection unique en son genre.

Dès le début, Myers est guidé dans ses acquisitions par Émile Brugsch, conservateur adjoint au musée de Boulac. Personnage haut en couleur (dont on disait qu'il était le fils naturel du kaiser Wilhelm I), il avait accès à toutes les meilleures sources d'approvisionnement. Par l'intermédiaire de Brugsch, Myers a acquis plusieurs pièces exceptionnelles – notamment sa statuette en bois peint représentant une porteuse d'offrande (cat. n° 4) – ainsi que, comme on peut le supposer, plusieurs objets provenant de la cache des momies royales que l'Allemand avait lui-même découverte, à Deir el-Bahari, en 1881 (cat. n° 64). Il est probable que les fragments de bandelettes des rois Thoutmôsis III, Séthi Ier, Ramsès II et Ramsès III – momies que l'on avait désenveloppées à Boulac à peu près à cette époque, peut-être en présence de Myers – aient également été fournis par Brugsch, ainsi que plusieurs fragments de textiles coptes ou plus anciens.

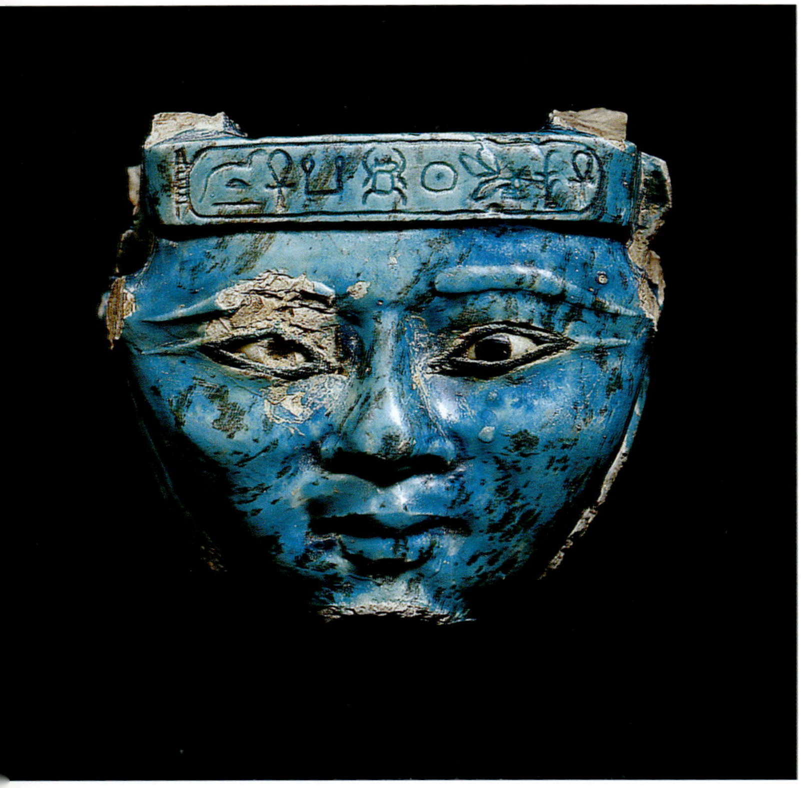

**Élément d'un sistre aux noms de Sénousret Ier (cat. n° 7)**
*1971-1926 av. J.-C.*

Comme le révèle le journal de Myers (13 mai 1885), Brugsch « possédait une splendide collection de vêtements de momies », et Myers pourrait bien l'avoir persuadé de lui en céder une partie.
Grâce à Brugsch principalement, mais également en acquérant des objets auprès de collectionneurs établis en Égypte (notamment Daniel Marie Fouquet et Giovanni Dattari), ou de plusieurs marchands locaux (notamment Todros, Kyticas et Hatoun au Caire), Myers fut en mesure de réunir un ensemble important d'antiquités égyptiennes en une période étonnamment courte. Lors de sa dernière visite en Égypte, en 1896, il était très connu parmi tous les grands archéologues de son temps et appréciait également les arts de l'islam. La réputation de sa collection était telle que lorsque, en 1895, le Burlington Fine Arts Club décida d'organiser sa « Première exposition d'œuvres d'art de l'Égypte ancienne », Myers fut l'une des premières personnes à être contactées.

***Étendue et documentation***

Le legs de Myers étant peut-être la dernière collection d'antiquités réunie au XIXe siècle à avoir globalement subsisté en parfait état, elle représente une ressource dont l'importance est considérable pour l'histoire de la conservation. À l'époque de son arrivée à Eton, la collection comptait quelque 1300 objets ou groupes d'objets. Depuis le décès de Myers (grâce à la générosité de plusieurs donateurs), les collections égyptiennes d'Eton ont presque doublé.
La plus grande partie des pièces dynastiques égyptiennes conservées au musée Myers entrent dans la catégorie des « arts mineurs » – récipients, statuettes, amulettes et perles. Parmi ces techniques, Myers aimait particulièrement les faïences égyptiennes, le « bleu égyptien », la stéatite glaçurée et – dans une moindre mesure, probablement à cause de sa rareté – le verre. Pour son époque, il était un collectionneur immensément sophistiqué. Dans ce domaine choisi par Myers, Eton est en mesure de présenter une gamme enviable d'objets entiers ainsi que des documents de travail importants. À cet égard, la série presque complète des coupes aux lotus, datant de la XVIIIe Dynastie ou de périodes ultérieures (voir cat. nos 26-31), est particulièrement remarquable. D'autre part, la collection d'Eton de calices en faïence en forme de lotus (voir cat. nos 49-56) est reconnue comme l'une des plus belles du monde. Les thèmes jumeaux de la perfection et de la couleur – qualités qui, pour Myers, constituaient les fondements des arts décoratifs égyptiens – sont toujours évidents dans presque tous les objets qu'il acquérait. Comme pour beaucoup de collections de musées reposant sur l'assemblage souvent aléatoire d'objets autrefois conservés par des collectionneurs privés, il ne subsiste que peu de documents précis concernant la provenance ou la première acquisition. Dans le meilleur des cas, les traces gardées par Myers (et par les différents bienfaiteurs du musée) sont insuffisantes. La source d'informations la plus importante est la série (malheureusement incomplète) des journaux tenus par Myers qui arriva à Eton après la collection, avec quelques notes supplémentaires. Cependant, la plupart de ces documents se sont avérés d'une valeur égyptologique limitée et l'histoire des différents objets de la collection a généralement dû être établie à partir de sources extérieures.

***Objets en provenance de Tounah el-Gebel***

« Parmi les découvertes de poteries importantes réalisées au cours de ces dernières années, rares sont celles à avoir apporté autant de richesses aux collectionneurs que celles de la nécropole située au nord d'Assioût, appelée Tounah. Blottie dans les montagnes, au cœur du désert, elle se trouve à environ cinq heures de Mellaoui. Il n'existe rien au monde de plus désolé que ces agglomérations de sépultures créées en plein désert. On n'y voit aucun vestige de végétation, on n'y entend aucun son et on n'y perçoit aucune créature vivante. Occasionnellement, le visiteur peut percevoir la présence d'un loup ou d'un chacal rôdant dans les collines. Devant ces vastes cimetières, éloignés des habitations des vivants, et où les

morts reposent depuis des siècles dans une solitude absolue, il est impossible de réprimer un sentiment d'admiration et d'effroi [...].
La somme des faïences mises au jour à Tounah était importante et, d'un point de vue artistique, de première qualité. Il n'est peut-être pas exagéré de considérer que si l'ensemble de ces objets avaient été conservés ensemble, et que si toutes les autres poterie *[sic]* avaient disparu, il aurait pu à lui seul concourir avec le reste du monde [et], à chances égales, se voir attribuer les plus grands honneurs [...]. » (Henry Wallis, *Egyptian Ceramic Art* [Londres, 1900], p. xvi-xvii.)

Tounah el-Gebel, le cimetière d'Achmounein (antique Hermopolis Magna), est situé au nord d'Assioût, en Moyenne-Égypte. Dans les années 1890, ce fut une source d'approvisionnement importante (bien que peu connue aujourd'hui) pour les faïences égyptiennes et un grand nombre d'objets magnifiques censés avoir été découverts sur ce site commencèrent à enrichir les collections égyptiennes.
Un bon nombre de ces pièces ont été acquises par l'intermédiaire de Carl Reinhardt, un égyptologue allemand qui collectionnait des œuvres en Égypte pour le compte des musées de Berlin et de l'université d'Heidelberg. Il est évident que Henry Wallis faisait lui aussi ses acquisitions « à la source » : il fut l'un des premiers spécialistes des faïences égyptiennes glaçurées et un grand nombre de ses pièces ont abouti dans la célèbre collection du révérend William McGregor. Le troisième acquéreur, qui achetait directement ou indirectement (auprès de Reinhardt, notamment), était W. J. Myers, qui raconte dans son journal une visite de Tounah el-Gebel, le 3 mars 1897 :

> « Un homme m'a guidé dans le désert jusqu'au lieu où se déroulent les fouilles et où j'ai pu voir une cinquantaine de personnes au travail. Cependant, alors que j'étais à un peu plus d'un kilomètre du site, ils m'ont repéré et ont quitté les lieux en un instant. J'ai visité le cimetière et dans une tente, j'ai trouvé quelques chaouabtis et pots sur le sol que l'on avait laissés là. Toutes les tombes semblent romaines et n'ont rien de remarquable. L'endroit d'où proviennent les momies et les objets bleus est à quelque distance de là, dans les collines, d'après ce que j'ai pu comprendre par l'intermédiaire de l'homme qui m'accompagnait. Il est difficile de déterminer s'il dit la vérité, mais il est fort probable qu'il a menti. Après, je suis allé visiter la maison d'Ali dans le village. Mais hormis deux fragments d'une tasse, il n'avait rien à me proposer. Dès qu'il obtient des objets intéressants, il les envoie à Mellaoui, car aucun touriste ou marchand ne vient jusqu'ici. »

Comme le souligna George Tait dans son brillant article intitulé « The Egyptian Relief chalice » (*Journal of Egyptian Archaeology*, 49 (1963), p. 95), il semble d'après ce récit que ce voyage n'était pas le premier effectué par Myers et que ces « deux fragments d'une tasse » ne furent probablement pas ses premières acquisitions.

Bien que les volumes du journal relatant cette période aient disparu et qu'aucun autre document de la main de Myers ne permette de déterminer quelle partie de la collection provient de ce lieu, compte tenu du nombre de similitudes qui existent entre des pièces provenant de Tounah et celles de Myers par exemple (cat. n^os^ 37, 47 et 48), il est probable que la proportion était importante. Il est indéniable que la description par Wallis de l'extraordinaire gamme de matériaux découverte à Tounah correspond étroitement aux types et à la qualité de ceux qu'abritent désormais les murs et les toits du Collège d'Eton :
« Il y avait des récipients de toutes sortes, des figurines de dieux, des objets élégants utilisés pour la parure, ainsi que tous les ornements et tout l'attirail de la momie. Les pièces couvraient une période considérable qui englobait la XVIII^e^ Dynastie, l'époque ramesside et la conquête romaine. Certaines œuvres sont peut-être plus anciennes, mais comme les fouilles furent conduites par des autochtones, on ne sait pas avec certitude ce qui fut effectivement découvert. Si quelques-unes des pièces dataient de dynasties plus anciennes, il est probable qu'elles étaient assez rares et qu'elles ont peut-être été vendues à des collectionneurs qui ne savaient rien de leur provenance. En effet, d'une manière générale, les marchands égyptiens se gardaient bien de révéler où leurs objets avaient été découverts... » (Henry Wallis, *Egyptian Ceramic Art* [Londres, 1900], p. xvii.)

***Autres sites***

Des recherches sont encore effectuées aujourd'hui sur la collection Myers et on peut espérer que d'autres progrès seront un jour réalisés pour établir les origines des nombreuses pièces pour lesquelles la provenance est supposée. À ce jour, il convient de noter que des objets provenant des sites suivants ont été répertoriés ou reconnus à Eton (les objets provenant de fouilles sur lesquelles il existe des documents sont indiqués par un astérisque) :

- Abydos* ;
- Alexandrie ;
- El-Amarna* ;
- El-Amra* ;
- Badari* ;
- Balabich* ;
- Benha ;
- Beni Hassan* ;
- Bouhen ;
- Fayoum* ;
- Gebelein ;
- Gizeh ;
- Hawara* ;
- Hiérakonpolis* ;
- Léontopolis ;
- Meïdoum* ;
- Nagada* ;
- Oxyrhynchus* ;
- El-Rubaiyat ;
- Saqqarah* ;
- Tell el-Yahudiya ;
- Thèbes ;
- Assassif ;
- Deir el-Bahari, y compris la cache royale* ;
- Khokha ;
- Taousert, temple mortuaire ;
- Vallée des Rois, tombes d'Aménophis II [KV 35]*, Thoutmôsis IV [KV 43]*, Aménophis III [WV 22], Séthi I^er^ [KV 17] ;
- Tounah el-Gebel ;
- Zagazig.

***Le legs de Myers***

La collection égyptienne constituée par William Joseph Myers couvrait à l'origine un nombre de périodes et de sites nettement plus important, et il est évidemment regrettable qu'elle n'ait pu être conservée dans cet état. Eton – et l'égyptologie – peut cependant se consoler en considérant que les pièces qui ont été léguées sont certainement les plus belles, les préférées de Myers, c'est-à-dire les objets superbes dont il avait choisi de s'entourer dans sa maison d'Eton. Le fait que l'intégralité de cette collection d'objets sélectionnés soit encore à Eton, et que leur perfection et leur beauté puissent inspirer des générations nouvelles et fort différentes serait pour Myers une source d'immense satisfaction. En tant que « mémorial d'un soldat courageux et d'un collectionneur au goût sûr et raffiné » (Henry Wallis, *Egyptian Ceramic Art* [Londres, 1900], p. VIII), il semble difficile de faire mieux.

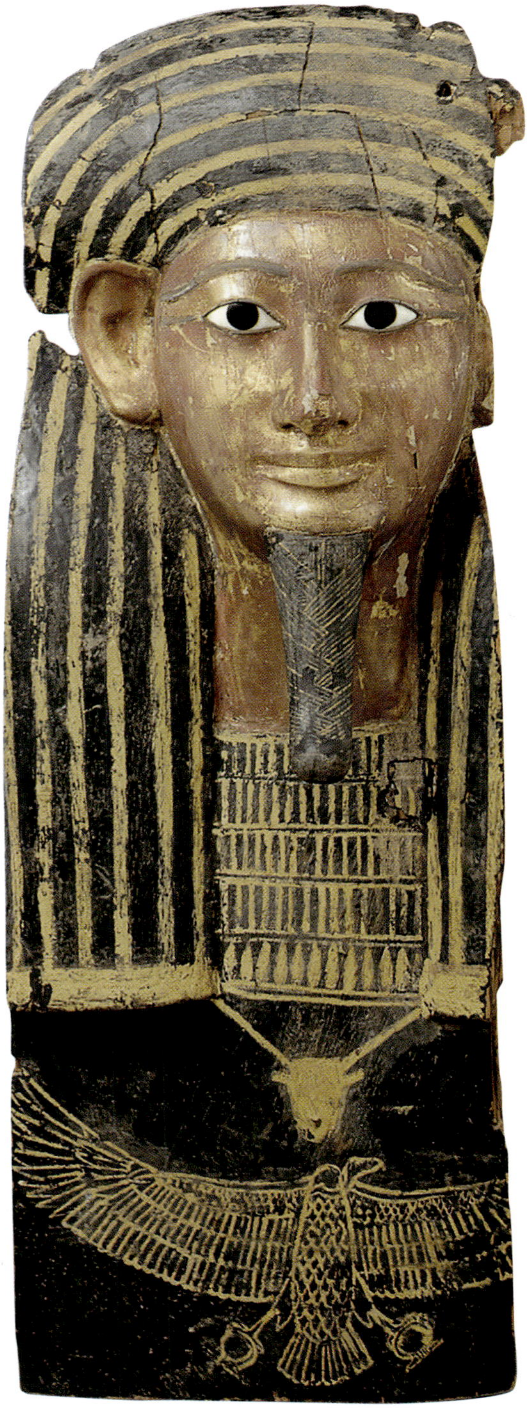

**Fragment du cercueil du grand bâtisseur Amenhotep (cat. 19)**
*Vers 1425 av. J.-C.*

# Égyptomanie au musée des Arts décoratifs de Bordeaux

Bernadette de Boysson

En 1994-1995, l'exposition « Égyptomania. L'Égypte dans l'art occidental, 1730-1930 » (1) a relancé et illustré le débat de l'acclimatation de l'art égyptien dans les pays occidentaux ; le catalogue de cette manifestation rappelle que l'égyptomanie a d'abord trouvé ses sources dans la Rome antique qui, confrontée à la civilisation égyptienne au dernier siècle avant notre ère, a véhiculé une certaine vision de l'Égypte souvent confondue avec l'Égypte elle-même. Au début du XIXe siècle, la campagne d'Égypte, les découvertes de Denon et de Champollion et l'arrivée en Europe des collections égyptiennes ont permis de mieux authentifier cet art ; il ne faut pas oublier cependant les récits et les illustrations de voyages en Égypte effectués dès le XVe siècle et surtout ceux des artistes du Grand Tour qui, aux XVIIe et XVIIIe siècles, étudient à Rome les ruines transposées du bord du Nil ou celles interprétées par les Romains à partir de ces vestiges.

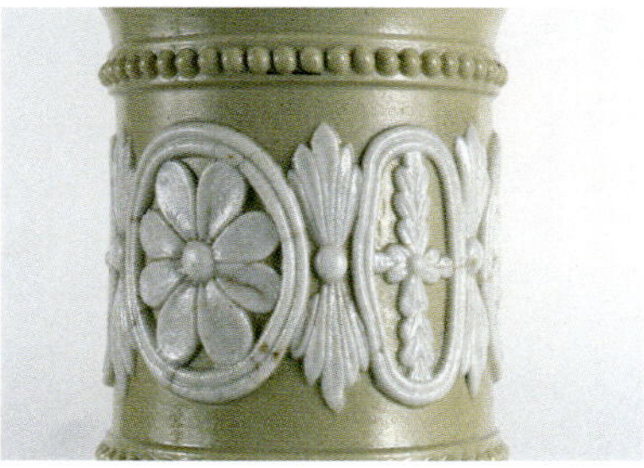

**1. Petit vase**
*Faïence fine - H. 12,5 ; l. 9 cm*
*Achat, 1975*

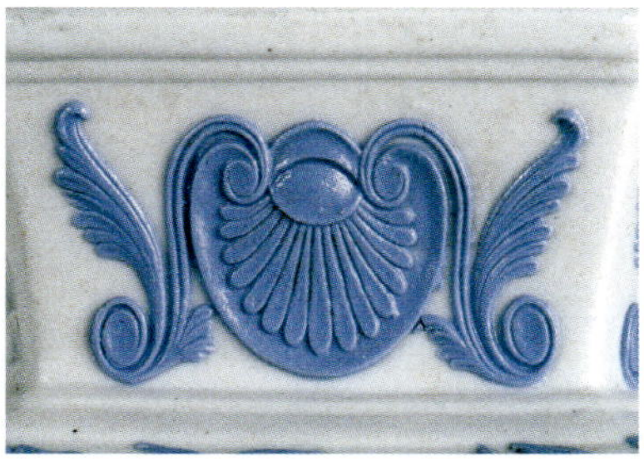

**2. Pot à lait**
*Faïence fine - H. 14,5 ; l. 21,5 cm*
*Achat, 1975*

Dans le domaine de l'art décoratif, le phénomène de mode prend toute sa mesure en France à la fin du XVIIIe siècle avec la reine Marie-Antoinette et la cour de Versailles qui imposent un goût « égyptisant » – pyramide, obélisque, sphinx... – aux décors des meubles, pendules, chenets et autres objets d'art. La confidentialité relative de ce courant dans des salons tient sans doute au caractère ésotérique prêté à la civilisation égyptienne par les sciences occultes. « Mais plus certainement la miniaturisation et le réemploi permettent de s'approprier plus facilement l'Égypte en un microcosme. C'est la source essentielle des meubles et des objets d'art à l'égyptienne qui, par milliers, ont fleuri au cours des siècles dans les intérieurs les plus divers » (2).

Le mobilier et les objets d'art des époques Louis XVI, Empire et Restauration conservés au musée témoignent de ces décors « égyptisants » devenus classiques aujourd'hui. D'autres exemples sont moins connus. Ainsi, l'égyptomanie apparaît-elle discrètement dans la céramique bordelaise du XIXe siècle, grâce aux décors en relief d'applique sur fond de couleur différente créés en 1805 par Joshua Wedgwood dans le Staffordshire ; ce dernier utilisa cette technique pour représenter notamment les caractères et les motifs égyptiens qu'il réinvente et surdimensionne afin de les rendre plus reconnaissables ; ils vont jouer dans la diffusion de l'égyptomanie en Angleterre du début du XIXe siècle le rôle que n'auraient pas pu jouer les hiéroglyphes originaux, fins et illisibles. Grâce à Pierre-Honoré Boudon de Saint-Amans (3), ce procédé est adopté dès 1812 dans les manufactures bordelaises de Lahens et Rateau, puis de David Johnston en 1829. Cette production très anglaise plaît beaucoup à la société anglo-saxonne des négociants bordelais ; par contre, il semble que les motifs égyptiens soient moins demandés qu'en Angleterre ; ils apparaissent discrètement dans la frise du col du petit vase (fig. 1) avec des rosettes et des feuilles de palme liées, sur celle du col du pot à lait (fig. 2) orné d'une palmette, ou encore avec le lotus de la panse du pot à eau (fig. 3). Nous sommes loin des somptueux services à thé à l'égyptienne de Wedgwood, entièrement « hiéroglyphés », qui firent fureur en Angleterre pendant le XIXe siècle. Plus tard, à la fin de ce même siècle, l'orientalisme et l'historicisme de la manufacture de Vieillard à Bordeaux se tourneront davantage vers l'Asie, les pays islamiques ou la Renaissance plutôt que vers l'Égypte antique. Dans l'architecture bordelaise de cette époque, l'Égypte est associée à la Grèce et à Rome comme une civilisation encore plus ancienne et n'a guère de représentation spécifique.

Par contre, le vase aux chaouabtis (fig. 4) de Jules-Claude Ziegler (Langres, 1804 - Paris, 1856), conservé au musée depuis 1977 grâce au don de Félix Marcillac, présente des éléments très proches des stéréotypes égyptiens ; la matière elle-même, du grès verni au sel au fini rugueux que Ziegler travaille dans la manufacture de Voisinlieu près de Beauvais, rappelle celle des objets de la période prédynastique Négada II (*cf.* nos 2 et 3 du présent catalogue). Ziegler est un amateur de vases antiques dont il s'inspire ; celui-ci, daté des années 1841-1842, a des anses en forme de dragons islamiques ; ces animaux mythiques sont apparus dans l'art égyptien pendant la domination perse de la XXVIIe Dynastie (500 av. J.-C.), tel ce dragon, lui aussi une anse d'un récipient, au no 95 du présent catalogue. À l'embouchure, six têtes en relief de lions ou de lionnes, les lions égyptiens « de la Cordonata » de Rome ou la déesse Sekhmet, sont placées au-dessus de deux têtes semblables, de face, encadrées par une perruque aux mèches stylisées et un némès entouré d'ailes de vautour. Deux gros scarabées et huit écussons ornent la base du col ; un semis de scarabées naturalistes est dispersé sur la panse et, au pied du vase, six chaouabtis avec leurs attributs, la houe et le panier, sont séparés par deux faucons affrontés de part et d'autre d'un papyrus stylisé. Ces éléments, en grande partie conformes aux nouvelles découvertes du début du XIXe siècle, sont souvent intégrés dans les œuvres « égyptisantes » afin de leur donner plus de crédibilité. Les chaouabtis ont sans doute été moulés sur un original ; malgré les déformations dues au moulage, il est possible de déchiffrer cette inscription : « Que soit illuminé l'Osiris Djedhor justifié, né de Renpetnefer » (4) (les chaouabtis étaient placés dans les tombeaux afin de remplacer le mort dans les corvées de l'autre monde, une pour chaque jour, *cf.* nos 44-46 et 85 du présent catalogue).

Enfin, le musée conserve une belle collection de meubles et d'objets du mouvement Memphis, créé à Milan en 1980 par un groupe d'architectes et de designers en réaction contre le design formel international ; ils décident de choisir le nom de Memphis pour plusieurs raisons : une chanson de Bob Dylan, *The Memphis blues again*, qu'ils écoutent inlassablement et qui leur évoque l'Amérique, et la capitale des pharaons, cité sacrée du dieu Ptah, créateur du monde et patrons des artisans (*cf.* nos 59 et 93 du présent catalogue) ; ils se disent attirés par la beauté des objets primitifs, et à travers eux, l'idée du sacré, du rituel, de même qu'ils privilégient le côté artisanal, toutes qualités propres aux anciennes civilisations dont fait partie l'Égypte antique ; deux cofondatrices de ce mouvement, Martine Bedin et Nathalie Du Pasquier, sont bordelaises ; la pendule (fig. 5) de Nathalie Du Pasquier (Bordeaux, 1957), architecturée comme un temple ou un portique égyptiens, reflète la puissance et la grandeur des pharaons transposées sur de l'art décoratif ainsi que nous l'observons dans la collection Myers.

Si aujourd'hui l'égyptomanie reste vive – on peut le constater dans l'architecture d'édifices publics comme la pyramide du Louvre –, son fondement dépasse largement une attraction liée à la mode ou à l'exotisme ; en réalité, elle repose sur des symboles tellement anciens que cet héritage de trente siècles continue à nous questionner et à comprendre certains choix de notre environnement.

**3. Pot à eau**
*Faïence fine - H. 27 ; l. 20 cm - Achat, 1974*

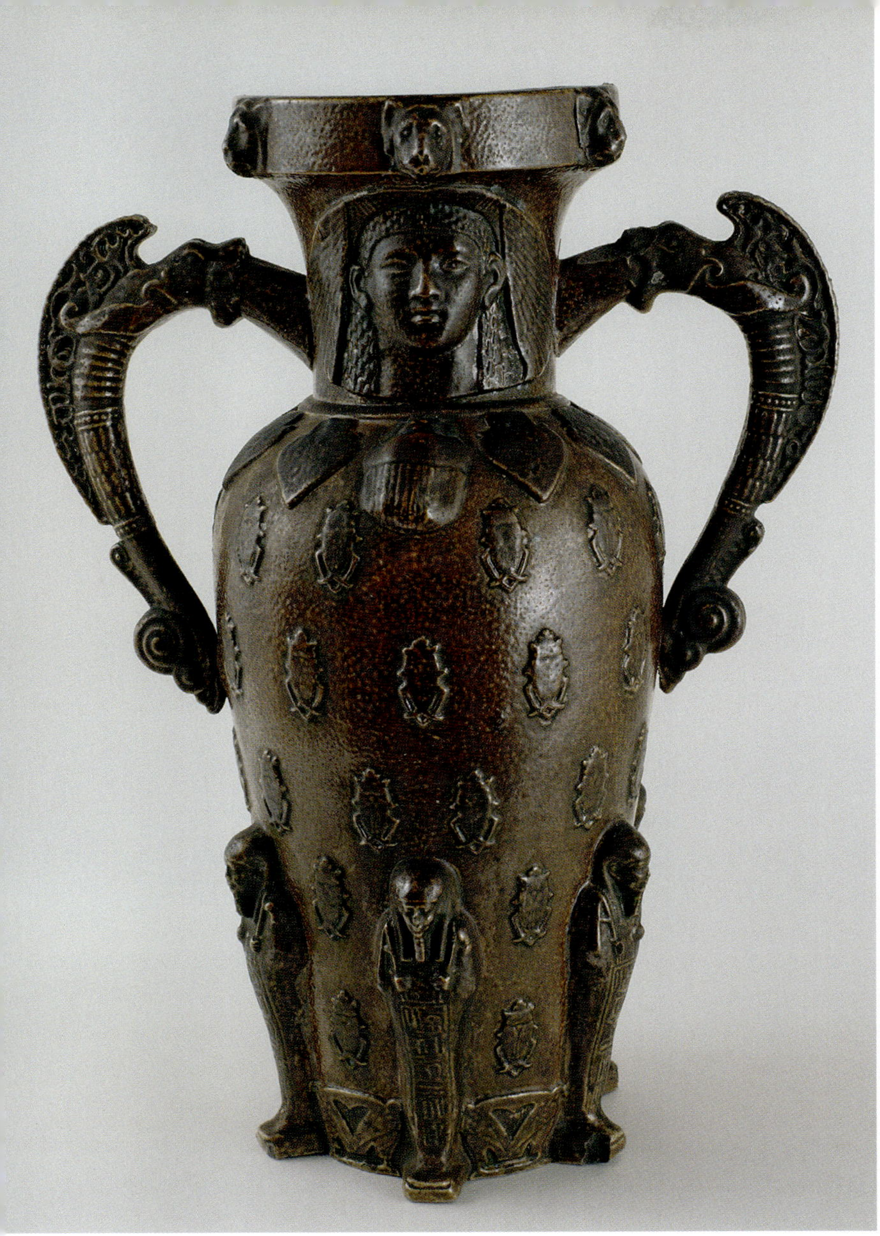

**4.** Jules-Claude Ziegler
**Vase aux chaouabtis**
*Grès verni au sel*
*H. 35 ; diam. 15 cm*
*Don, 1977*

**Notes**
(1) 1994-1995, Paris, musée du Louvre ; Ottawa, musée des Beaux-Arts du Canada ; Vienne, Kunsthistorishes Museum, « Égyptomania. L'Égypte dans l'art occidental. 1730-1930 ».
(2) *Ibid.*, J.-M. Humbert, p. 22.
(3) *Cf.* J. du Pasquier, J. Vieillard & Cie, *De l'anglomanie au rêve orientaliste. Histoire de la faïence fine*, Bordeaux, éd. Mollat, 2002.
(4) In cat. 1994-1995, *op. cit.*, C. Ziegler, p. 368.

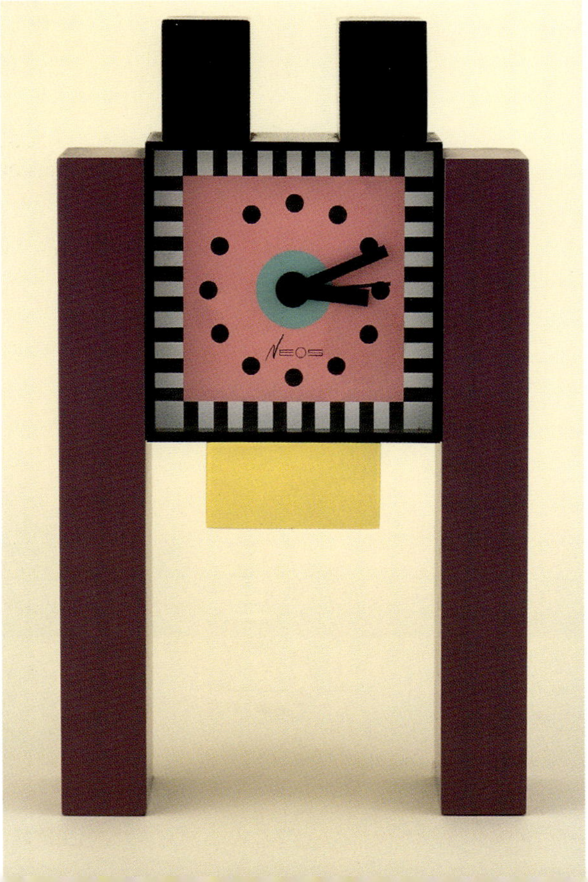


**5.** Nathalie Du Pasquier
**Pendule**
*Bois laqué*
*H. 27 ; l. 16 cm*
*Don, 1988*

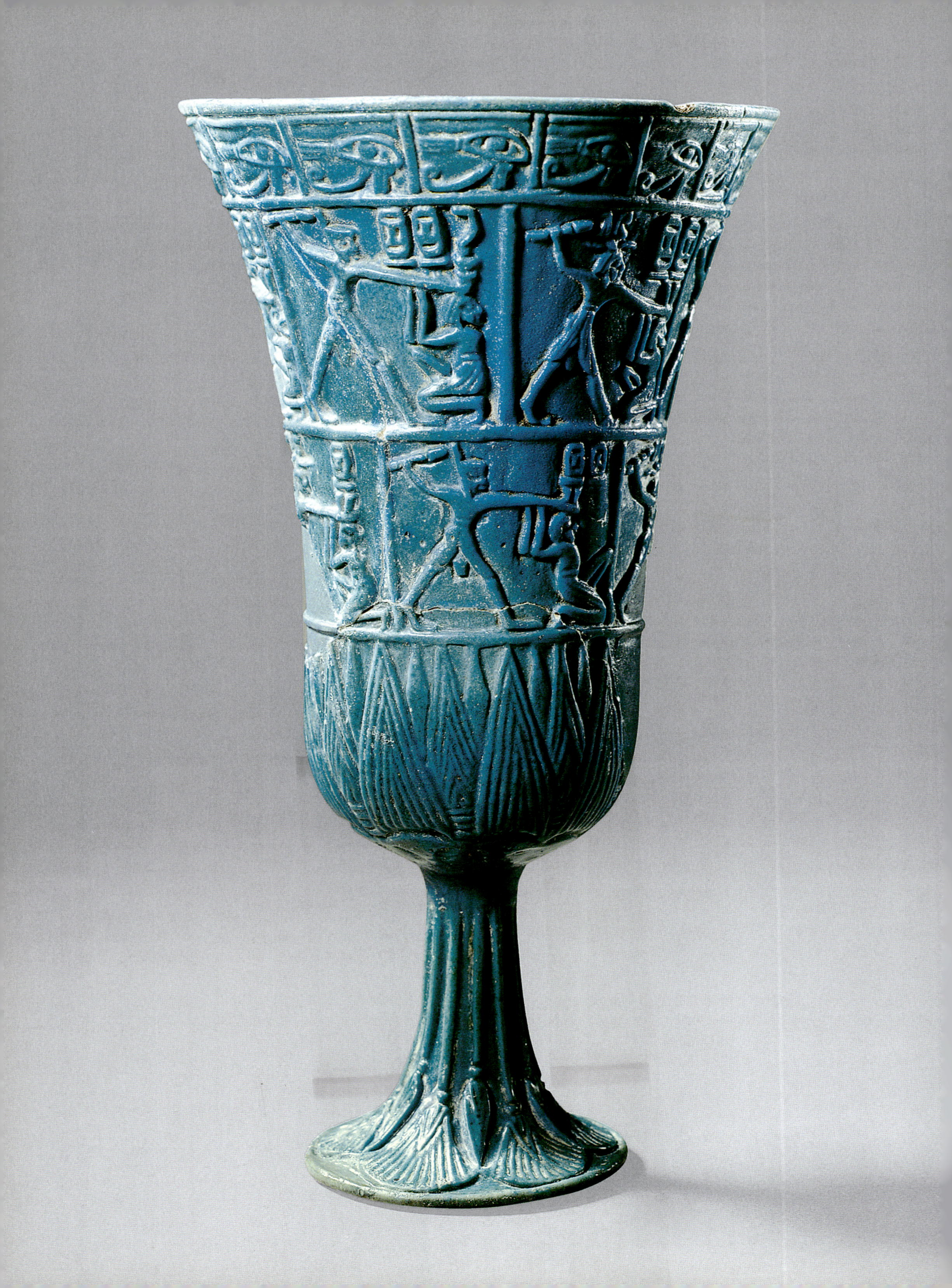

# Catalogue

NICHOLAS REEVES

STEPHEN QUIRKE
*Conservateur au Petrie museum of Egyptian Archeology, University College de Londres*

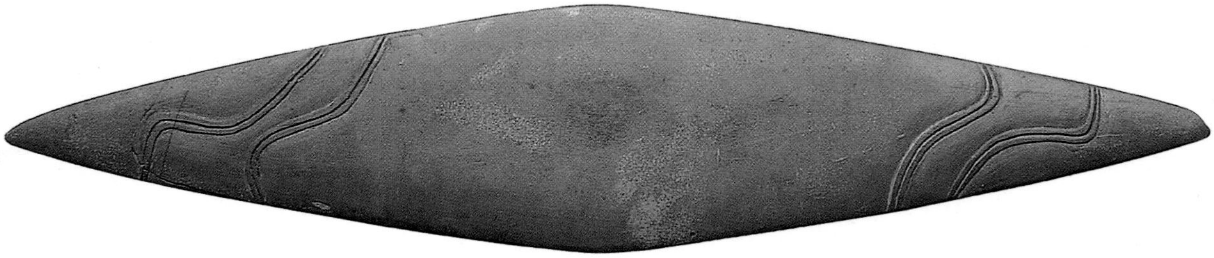

**1. Palette rhomboïdale**
*Période prédynastique, Négada I ou ultérieure, av. 3100 av. J.-C.*
*Microgrès. Longueur : 42 cm. ECM 1866*

En Égypte, le maquillage des yeux joue un rôle dans l'ornementation corporelle rituelle des hommes et des femmes depuis la nuit des temps. Ces palettes en microgrès sur lesquelles on écrasait, généralement avec un galet en jaspe rouge, le minerai de cuivre vert (malachite) à appliquer sur les cils, à la fois pour se protéger et pour attirer le regard des autres (voir cat. n$^{os}$ 20 et 39), furent parmi les premiers objets de l'Antiquité égyptienne à être ornés de généreuses décorations. Utilisés à des fins magiques et pratiques, ces articles couramment placés dans la tombe étaient d'aspects et de dimensions variés, mais ceux en forme d'oiseaux et de poissons étaient les plus fréquents. Celui-ci, élégamment allongé et rhomboïde, est orné aux extrémités de paires de lignes évoquant des serpents, sculptées en relief. Mis au jour sur le site d'El-Mamariya en 1908 puis acquis pour le musée de Brooklyn, un fragment de palette similaire ornée du même motif décoratif est aujourd'hui conservé à New York (09.889.158). L'art préhistorique a la réputation d'être difficile à interpréter, notamment dans ses formes les plus abstraites, et la signification initiale nous est désormais inconnue. Il est néanmoins probable que le créateur ait cherché à obtenir pour son œuvre un effet à la fois esthétique et protecteur, semblable à celui d'une amulette.

*Ci-contre : Calice à décor narratif en relief (cat. n° 54)*

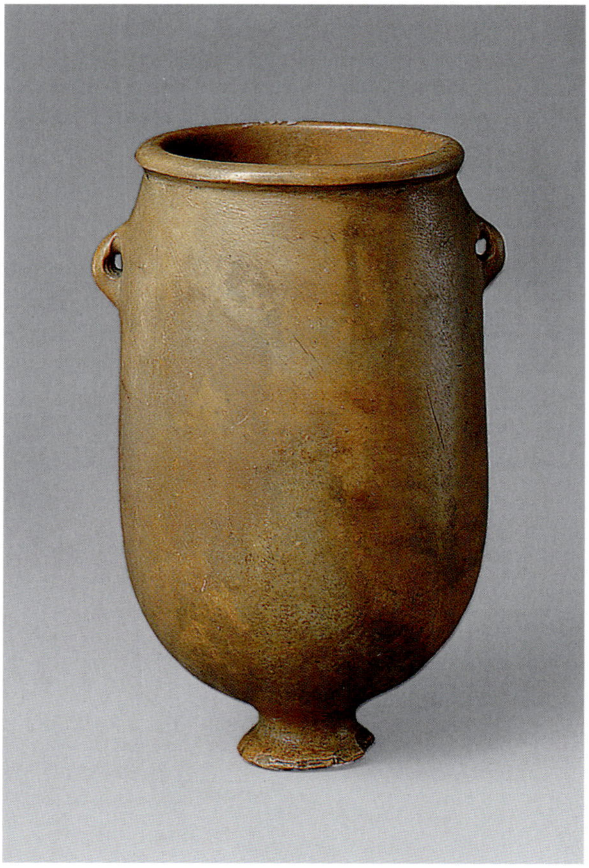

2

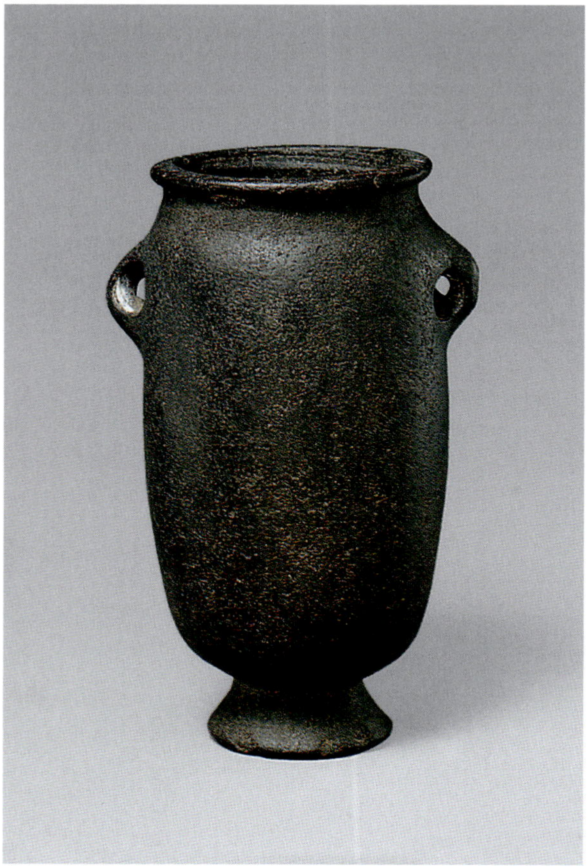

3

**2. Jarre sur pied**
*Période prédynastique, Négada II, av. 3100 av. J.-C.*
*Calcaire. Hauteur : 16 cm. ECM 1863*

**3. Jarre sur pied**
*Période prédynastique, Négada II, av. 3100 av. J.-C.*
*Balsate. Hauteur : 13 cm. ECM 1864*

Les Égyptiens commencèrent à maîtriser très tôt la production de jarres à partir des pierres dont ils disposaient (albâtre, basalte, brèche, diorite, dolomite, calcaire et serpentine) et, dès le début du quatrième millénaire avant Jésus-Christ, ils réalisèrent des pièces dont les types étaient courants parmi les objets funéraires des classes privilégiées de la Haute-Égypte. Les exemples extraordinaires – en calcaire et en basalte – présentés ici (le basalte étant le matériau le plus utilisé pour ce type de jarre) semblent reproduire des formes de poteries de la Basse-Égypte, car des prototypes en céramique ont été retrouvés à Maadi, dans le Nord du pays. Finalement, la forme est peut-être d'origine étrangère. (Pour les influences étrangères exercées sur les jarres des périodes les plus récentes, voir cat. n^os^ 24 et 37-38.)
Les surfaces intérieures de ces jarres en pierre de la période prédynastique démontrent clairement que les artisans ont procédé à un forage par rotation. Sculpté à la main, l'extérieur a été poli grâce à un long processus d'abrasion multidirectionnel, notamment autour des poignées dans lesquelles on passait une corde. Lorsque les jarres sont en calcaire et qu'elles ont probablement été suspendues pendant longtemps, ces poignées sont usées.

**4. Porteuse d'offrande**

*Fin de l'Ancien Empire, v. 2150 av. J.-C.*
*Provenance : Meir (tombe de Hapikem, A4)*
*Bois enduit de plâtre et peint. Hauteur : 44 cm.*
*ECM 1591*

Des figurines de qualités et de types variés étaient placées dans les tombes de façon à assurer dans l'au-delà la présence continue des serviteurs et compagnons auprès du défunt – rite qui poursuivait le sacrifice humain observé à des époques antérieures. La statuette exceptionnellement bien conservée présentée ici, premier exemple de ce type dont on peut attester la date de création, représente une femme à la peau foncée portant sur sa tête un coffre – maintenu en place avec sa main gauche – orné d'une seule colonne de hiéroglyphes qui signifient : « Porteur du Sceau du Roi de la Basse-Égypte, unique compagnon, Surveillant des Prêtres, le révéré, Hapikem. » Dans sa main droite, elle tient un canard, et devant elle marche un agneau blanc (parfois identifié à un oryx ou à une gazelle).

L'inscription suggère que cette élégante figure provient d'une tombe de Meir, en Moyenne-Égypte, qui avait été préparée pour un homme portant ce même nom et ces titres. Une statuette comparable, mais sans inscriptions, est désormais conservée à la Ny Carlsberg Glyptotek, à Copenhague (ÆIN670).
D'après le vingt-cinquième volume de son journal, Myers a acquis cette statuette le 3 mars 1894.

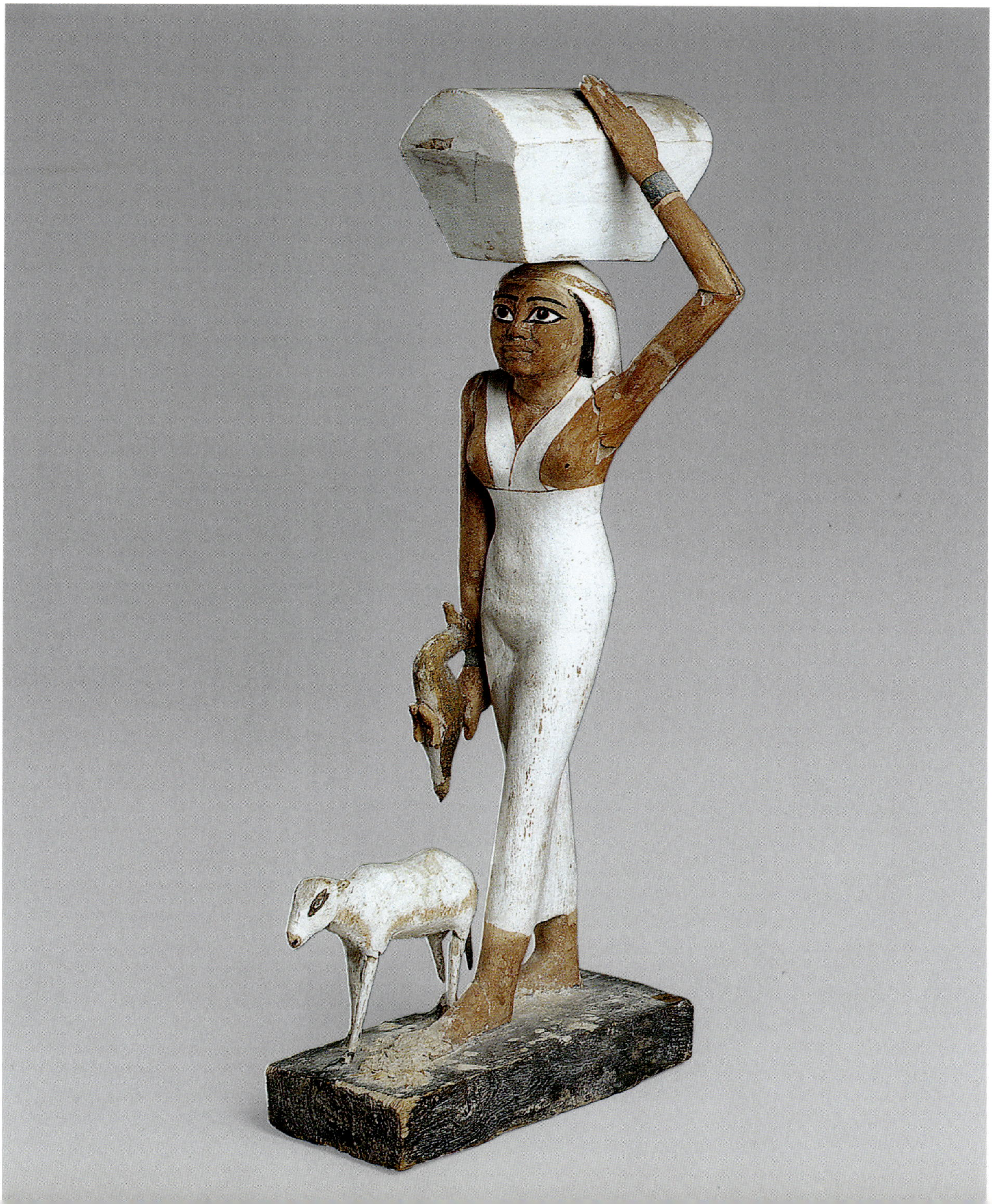

**5. Statue de Mesehty**

*Début du Moyen Empire, XI<sup>e</sup> Dynastie, v. 2000 av. J.-C.*
*Provenance : Assioût (tombe de Mesehty)*
*Bois. Hauteur : 62 cm. ECM 2167*

La tombe du monarque provincial, ou gouverneur de district, Mesehty, porteur du sceau du roi et surveillant des prêtres de Oupouaout, a été trouvée par des habitants de la région alors qu'ils procédaient à des fouilles dans le cimetière du Moyen Empire, à Assioût, en 1893 ou auparavant. Les objets funéraires les plus célèbres sont les deux groupes de gardes du corps – un Égyptien, un Nubien – désormais conservés au Musée égyptien du Caire (CG 258, CG 257). Cette statue en bois représentant le propriétaire de la tombe, achetée par Myers, peut-être en 1893-1894, et le bâton de l'homme, acquis par le révérend William McGregor, un autre collectionneur britannique, sont moins connus. La statue et le bâton (ce dernier acheté par Percy Newberry en 1922 lors de la vente McGregor) sont désormais conservés à Eton (le bâton, ECM 2168). D'autres objets, notamment un cercueil en bois et des statues (dont une en albâtre), feraient également partie d'un même ensemble.

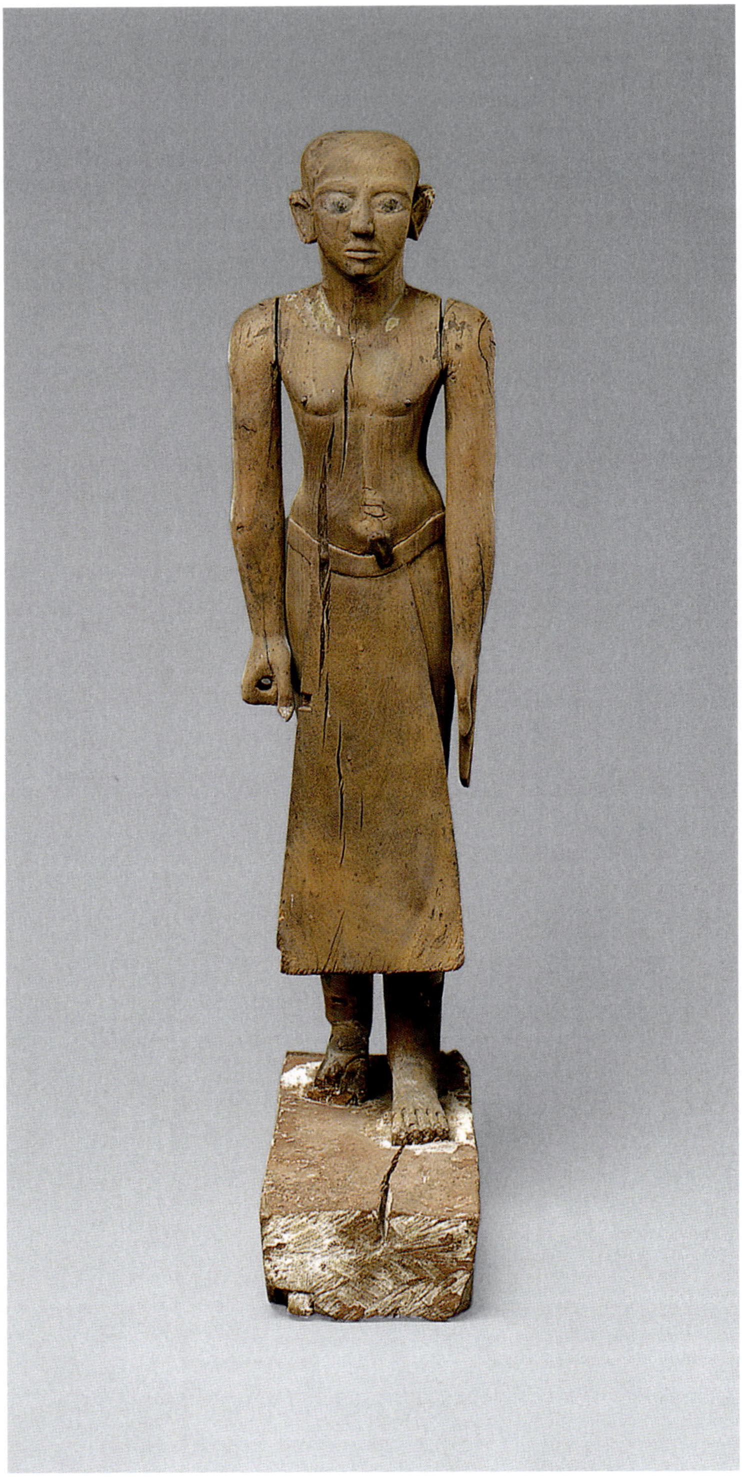

Dépositaire du *ka* – ou essence spirituelle – du défunt, la statue de Mesehty conservée à Eton est puissamment modelée dans un bois lourd d'excellente qualité. Elle conserve des traces importantes de sa couleur d'origine, notamment sur les ongles et le large col. La base portait peut-être une inscription – qui a disparu depuis longtemps – identifiant la figure.

**6. Pendentif au nom de Sénousret**

*Moyen Empire, XII<sup>e</sup> Dynastie, règne de Sénousret I<sup>er</sup> 1971-1926 av. J.-C.*
*Coquille d'huître. Hauteur : 11 cm. ECM 1844*

Plus de cinquante exemplaires de ces magnifiques pendentifs ont été répertoriés. Tous ont été réalisés à partir de coquilles d'huîtres (*Avicula* [*Meleagrina*] *margaritacea*) provenant de la mer Rouge. Dans chacun des cas, la surface extérieure de la coquille a été meulée et polie afin de révéler la nacre, et deux trous ont été percés au niveau de la charnière. Au centre des pièces les plus authentiques, un cartouche a été gravé. Initialement rempli de pigment bleu, il contenait le prénom ou le nom du roi Sénousret I<sup>er</sup> de la XII<sup>e</sup> Dynastie. Les cartouches de l'ensemble des exemplaires sont assez distinctifs et présentent d'étroites similarités stylistiques, notamment au niveau de la forme des signes et de la fluidité de la gravure. Il est donc tout à fait possible que la série provienne d'un seul atelier. Plusieurs faux sont en circulation, mais ils sont aisément reconnaissables à l'absence de finesse caractéristique de l'exécution ainsi qu'à l'inversion (fréquemment inappropriée) du nom du roi.

En 1932, Herbert E. Winlock considéra que ces coquillages étaient les emblèmes d'une organisation ou d'une classe militaire qui aurait rapidement disparu. Il fonda son argumentation sur le fait que l'un des pendentifs (MMA 23.2.76) provenait de la tombe d'un archer, à Gebelein, et que le second, désormais conservé au Musée égyptien du Caire (JE 36398), avait été retrouvé à Assouan sur un corps enterré avec un poignard en alliage de cuivre. Des chercheurs plus récents, peut-être influencés par d'autres coquilles portant les noms d'Amenemhat II (Musées nationaux d'Écosse, Édimbourg ; 1951.322) et de Sénousret III (mises au jour sur le site nubien d'Uronarti en 1928), ont préféré considérer que ces objets pouvaient s'apparenter à des amulettes et qu'ils avaient des origines nubiennes.

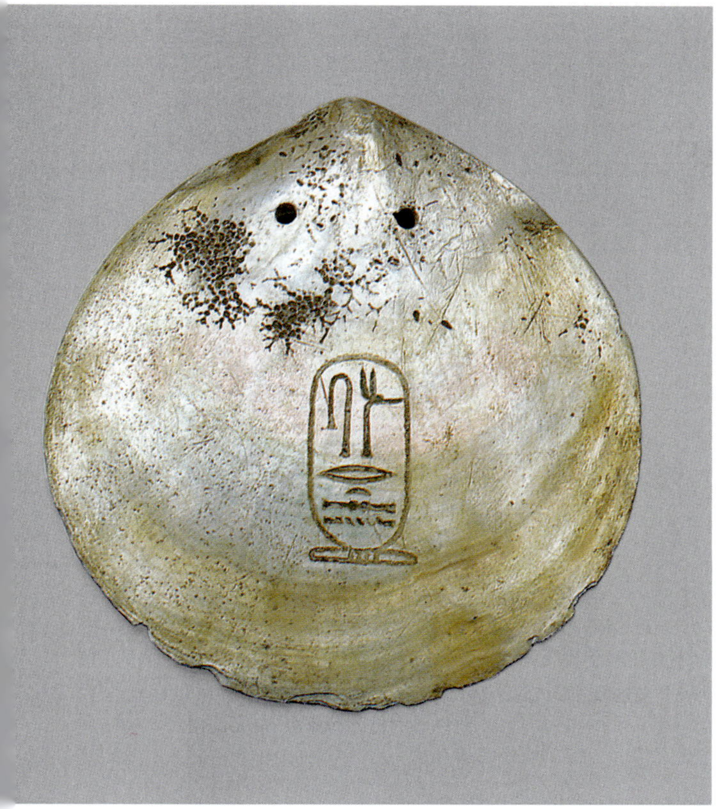

6

Ces pièces pourraient être liées aux pendentifs plus petits, en or, en argent et en électrum, en forme de coquilles d'huîtres et fréquemment ornés d'une inscription, réalisés jusqu'au Nouvel Empire dans différents contextes (généralement féminins). Quelle que fût leur véritable nature, leur valeur intrinsèque transparaît à travers un exemple, désormais conservé à la galerie d'art de l'université de Yale, à New Haven (YAG 1937.186), qui fut brisé et grossièrement réparé dans l'Antiquité.

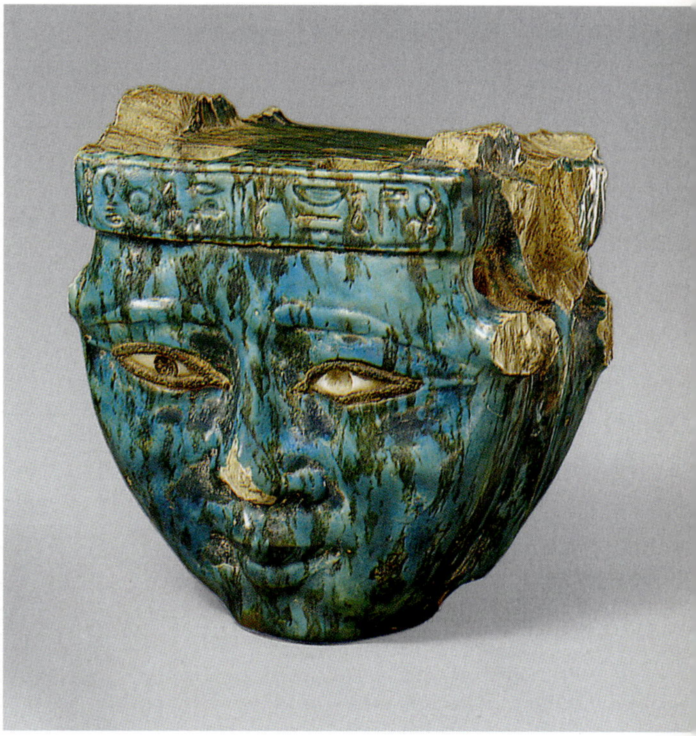

**7. Élément d'un sistre aux noms de Sénousret Ier**
*Moyen Empire, XIIe Dynastie, règne de Sénousret Ier, 1971-1926 av. J.-C.*
*Provenance : Thèbes*
*Stéatite glaçurée. Hauteur : 6,5 cm. ECM 1588*

Exécuté des deux côtés de ce précieux fragment de sistre (voir cat. nº 81) – instrument à percussion utilisé pour donner le rythme lors des cérémonies du temple –, le motif central représente la déesse Bat, absorbée par Hathor, qui est portraiturée ici en raison de son rôle de déesse de l'amour et de la musique. Magnifiquement sculptée dans la stéatite, la tête est percée de trous qui permettaient de fixer les autres éléments de l'instrument – la poignée au-dessous et le cadre en fer à cheval au-dessus qui maintenait les tiges et les rondelles ; celles-ci, au moins, étaient certainement en métal. Au-dessus des oreilles cassées, des trous recevaient les « antennes » en métal de la coiffe de la déesse (voir le motif central du cat. nº 71-b). Les oreilles de vache évoquant l'amour maternel de Hathor sont brisées et le nez est usé, mais l'épaisse glaçure verte et nuagée, la finesse de la sculpture et les yeux incrustés de cuivre confèrent à cet objet un statut exceptionnel. Les cartouches gravés au-dessus du front de la déesse contiennent de chaque côté les formes complètes du prénom et du nom de Sénousret Ier. Sur cette face, on peut lire : « Le dieu parfait, seigneur des Deux Terres, Sénousret, vivant comme Rê. » On suppose que le roi avait dédié le sistre à des utilisations cultuelles dans l'un des nombreux temples embellis pendant son règne en Haute-Égypte – où Myers acquit la pièce avant 1887. La tête provenait probablement du centre thébain du culte d'Hathor, sur la rive occidentale –, à Deir el-Bahari, ce qui expliquerait l'absence de toute référence à d'autres divinités dans le texte hiéroglyphique.

**8. Ornement pectoral**

*Moyen Empire, XIIe Dynastie, probablement pendant le règne de Sénousret II ou Sénousret III, 1897-1841 av. J.-C.*
*Provenance : Probablement Dahchour*
*Électrum, avec des traces d'incrustations de lapis-lazuli, de cornaline et de feldspath (?). Hauteur : 3,8 cm.*
*ECM 1585*

On ignore à quelle date précise Myers fit l'acquisition de ce rare ornement pectoral, mais il semble à peu près certain qu'il le trouva avant la première exposition d'art égyptien organisée par le Burlington Fine Arts Club (BFAC) en 1895. Il est évident que William McGregor, le célèbre collectionneur britannique, acheta la petite partie du pectoral quelque temps plus tard. Les deux fragments ont été publiquement réunis pour la première fois à l'occasion de la seconde exposition organisée par le BFAC en 1921, et l'année suivante, le petit fragment fut retiré de la vente de la collection McGregor à Sotheby's afin d'être offert à Eton par Spink & Son.

Bien qu'il soit endommagé – les incrustations de pierres semi-précieuses, lapis-lazuli, cornaline et feldspath (?) ont pratiquement disparu car elles se sont détachées –, la qualité de ce pectoral conservé à Eton est tout à fait exceptionnelle.

Le motif de la pièce représente les dieux Horus (sous les traits d'un sphinx à tête de faucon) et Seth de part et d'autre de l'emblème de la déesse Bat (absorbée par Hathor), des yeux *oudjat*, un disque solaire et des uræus au-dessus, des tiges de papyrus recourbées de chaque côté et un tapis en roseau au-dessous. L'élément central dissimule peut-être une allusion à Sithathor, fille de Sénousret II, dont la tombe et les trésors cachés pillés dans l'Antiquité furent explorés à Dahchour par Jacques de Morgan lors de sa première campagne, en 1894. Si tel est le cas, le pectoral pourrait être un objet qui échappa au pillage (voir également cat. n° 9).

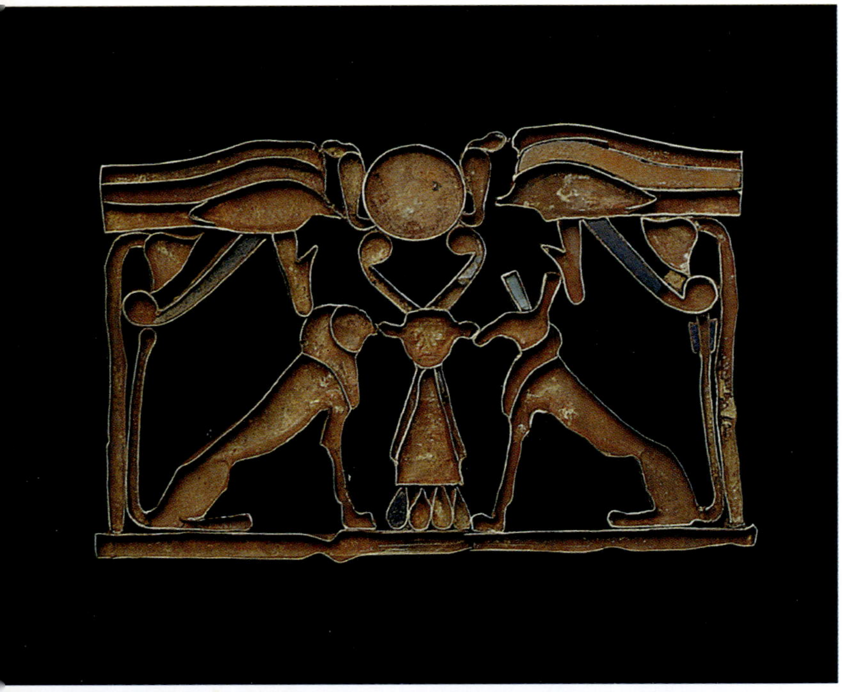

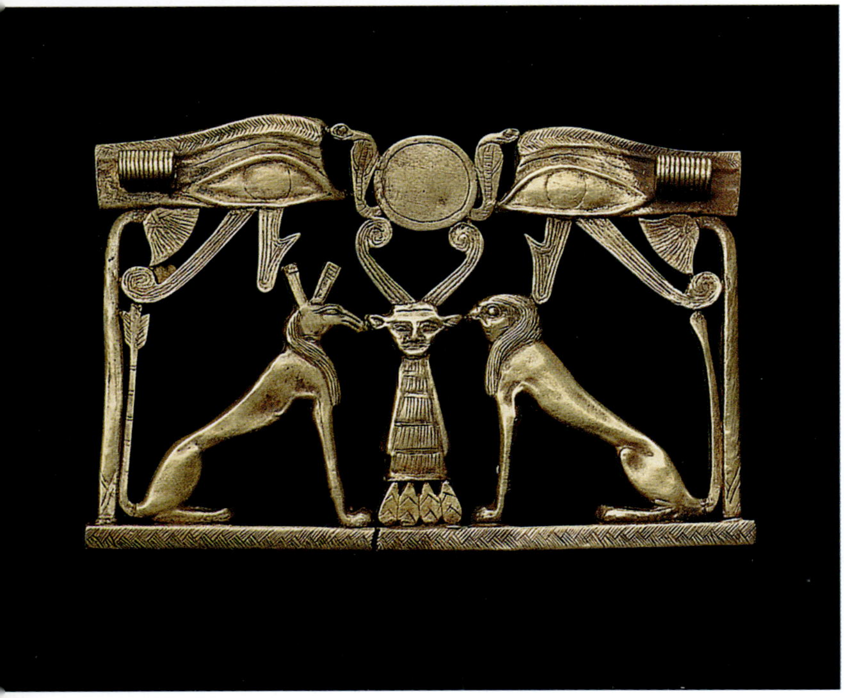

**9. Bague ornée d'un scarabée**

*Moyen Empire, XIIe Dynastie, probablement pendant le règne de Sénousret II ou Sénousret III, 1897-1841 av. J.-C.*
*Provenance : Peut-être Dahchour*
*Or et améthyste. Diamètre : 2,5 cm. ECM 1846*

À la fin du Moyen Empire, les mines de Ouadi el-Houdi, au sud-est d'Assouan, ont fourni pour le trésor royal quantité d'améthystes, et une partie de ces pierres ont été transformées dans les ateliers de la Résidence en fines amulettes polies à l'image de l'humble scarabée. Le choix du sujet était important. Le scarabée dépose ses œufs dans une boule de déjections qu'il pousse sur le sol d'une façon qui peut rappeler la lente progression du soleil à travers la voûte céleste. D'autre part, dans l'éclosion des œufs du scarabée, les Égyptiens voyaient une image puissante d'autocréation. De la Première période intermédiaire jusqu'à la période ptolémaïque, le motif du scarabée est extrêmement populaire, d'abord sur les sceaux que l'on utilisait pour se préserver du danger, puis comme amulette des vivants et des morts.

La base plate de ce scarabée en améthyste délicatement sculpté (peut-être jadis recouvert d'or) est lisse, ce qui permet de supposer que la pièce était une amulette et que le sceau n'était pas utilisé en tant que tel. La pierre précieuse est montée sur un anneau en or dont le subtil tressage était sans doute l'expression d'une autre vertu protectrice. Tant par sa forme que par son exécution, ce bijou s'apparente à une série de bagues ornées d'un scarabée qui pourraient provenir de Dahchour. Elles faisaient partie de la collection McGregor, mais sont aujourd'hui conservées au Metropolitan Museum of Art

royale du roi Sénousret III et de ses successeurs immédiats. De même que la taille haute du pagne aujourd'hui disparu, ce traitement particulier est spécifique à celui des figures de la fin de la XIIe Dynastie.

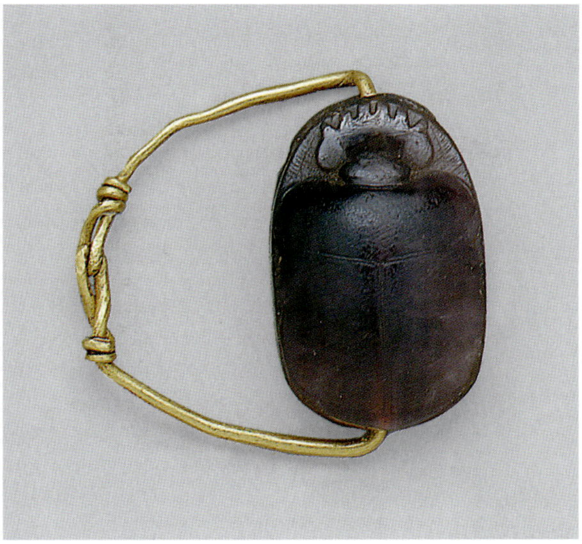

9

(New York, 26.7.754-56). Bien qu'aucun document ne puisse l'attester, il est possible que cette bague et un scarabée en améthyste de couleur comparable (ECM 1773) aient la même origine royale qu'un ornement pectoral conservé à Eton (cat. n° 8) : le cimetière royal de Dahchour.

**10. Partie supérieure de la figure d'un homme**
*Moyen Empire, XIIe Dynastie, v. 1825 av. J.-C.*
*Bois peint. Hauteur : 13,5 cm. ECM 1474*

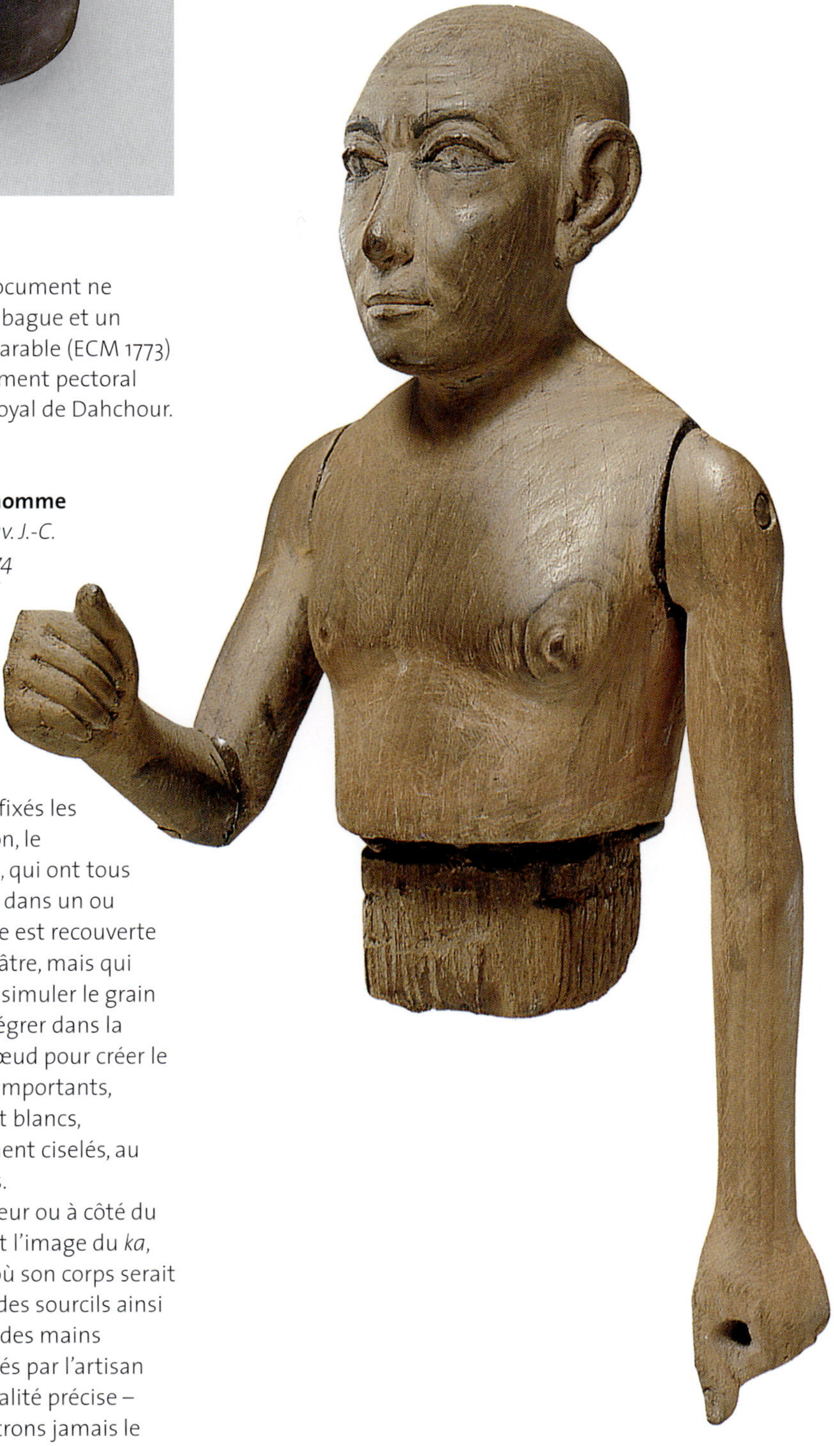

Véritable chef-d'œuvre parmi les sculptures en bois du Moyen Empire qui sont parvenues jusqu'à nous, cette partie supérieure d'une petite figure privée comprend – à l'instar des statues plus grandes réalisées dans le même matériau – plusieurs éléments distincts fixés les uns aux autres avec des goujons. Le bâton, le mouchoir et la partie inférieure du corps, qui ont tous disparu, ont peut-être été confectionnés dans un ou plusieurs matériaux différents. La surface est recouverte d'un lavis à base de pigment rouge brunâtre, mais qui n'est pas trop épais de façon à ne pas dissimuler le grain du bois, que l'artisan s'est appliqué à intégrer dans la sculpture, notamment en utilisant un nœud pour créer le téton gauche. Pour souligner les détails importants, l'artisan a employé des pigments noirs et blancs, notamment autour des yeux profondément ciselés, au niveau des sourcils et au bout des doigts.
Ce type de statuette était placé à l'intérieur ou à côté du cercueil afin de bien signifier qu'elle était l'image du *ka*, dépositaire de l'esprit du défunt au cas où son corps serait détruit. Les rides du visage et au niveau des sourcils ainsi que les détails complexes des oreilles et des mains témoignent peut-être des efforts déployés par l'artisan pour donner l'impression d'une personnalité précise – dont malheureusement nous ne connaîtrons jamais le nom – et de l'influence exercée par la « portraiture »

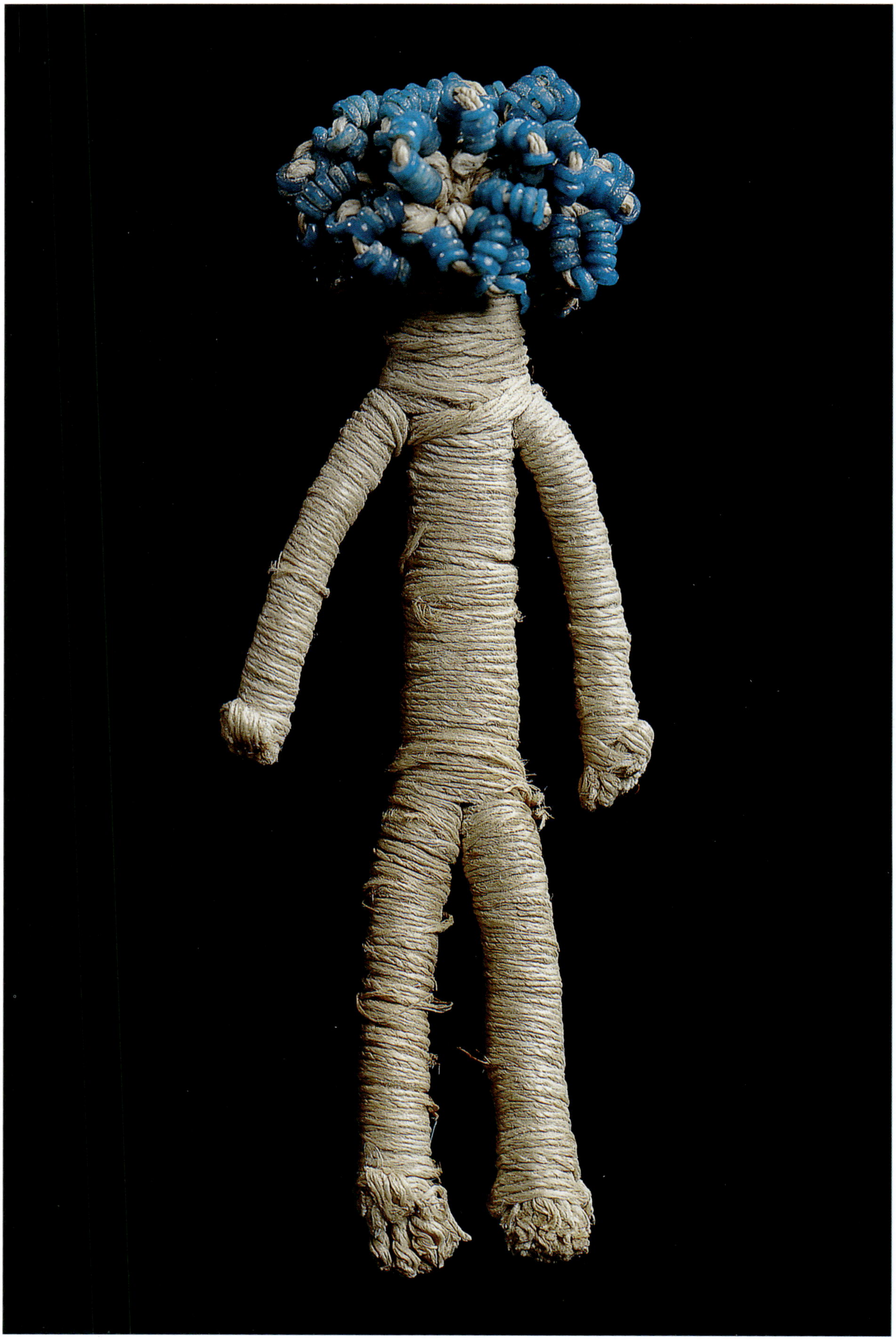

**11. Poupée aux cheveux de perles**
*Moyen Empire, XIIᵉ Dynastie, 1991-1783 av. J.-C.*
*Provenance : Beni Hassan (tombe 420)*
*Fils de lin et faïence. Hauteur : 7,5 cm. ECM 1843*

John Garstand, l'archéologue qui mit au jour ce charmant objet, estimait que cette pièce ainsi que la poupée plus grande et plus élaborée (mais sans l'embellissement en perles) découvertes dans la même tombe pillée étaient des jouets pour les enfants. Cependant, il reconnut que certains égyptologues pouvaient être tentés d'y déchiffrer une « signification religieuse ». Garstand faisait évidemment allusion à cette catégorie de figurines féminines fréquemment trouvées dans les tombes du Moyen Empire, exécutées dans différents matériaux et se caractérisant généralement par une exagération de la région génitale et un raccourcissement des membres inférieurs. Autrefois, on a eu tendance à considérer que ces figures étaient des concubines censées assouvir les désirs du défunt dans l'au-delà, mais leur découverte auprès de jeunes défuntes ou la présence occasionnelle d'un nourrisson dans les bras de la figurine indiquent plus vraisemblablement une fonction plus importante, et régénératrice.
La figure a été offerte à Eton par l'égyptologue Percy Newberry qui l'avait acquise lors de la vente de la collection McGregor, à Londres, en 1922. Le corps est constitué de fils de lin blanc enroulés encore en parfait état, et la chevelure se distingue par ses groupes de petites perles d'un bleu brillant, en faïence presque vitrifiée. Ni cette « poupée » ni la pièce comparable découverte dans la même tombe ne présentent les attributs génitaux propres aux représentations de concubines. Néanmoins, les sommaires descriptions de la tombe (publiées ou non publiées par Garstand) dans laquelle les figures ont été trouvées – fragments d'un cercueil portant une inscription (mais dont n'ont apparemment subsisté ni le nom ni le titre du défunt) ; appui-tête en bois ; vestiges de représentations de grainiers, de brasseries et de bateaux en bois ; couvercle de poterie (vase canope ?) ; deux jarres pansues et plat – n'indiquent pas clairement que la tombe 420 était celle d'un enfant.

**12. Suite de perles sphériques de différentes dimensions**
*Moyen Empire, XIIᵉ-XIIIᵉ Dynasties, 1991-1640 av. J.-C.*
*Faïence. Longueur (de la ficelle) : 41 cm. ECM 1853*

Ces perles lourdes et sphériques sont actuellement disposées comme dans un collier semblable à ceux portés par les hommes et par les femmes au Moyen Empire. Les perles de ce type étaient également portées suspendues à la tête dans une natte artificielle ou, dans le cas des danseuses, fixées individuellement aux extrémités des cheveux. La faïence bleue (comme ici), les pierres semi-précieuses et le métal blanc argenté prédominent, le premier de ces matériaux étant parfois rehaussé de plaquages en or ou en électrum.
L'emploi de ces perles comme ornements de la coiffure et leur utilisation dans le contexte de la danse suggèrent que les Égyptiens les associaient à la sensualité et à la fertilité, et qu'ils ne les appréciaient pas pour leur aspect séduisant et leur esthétique.

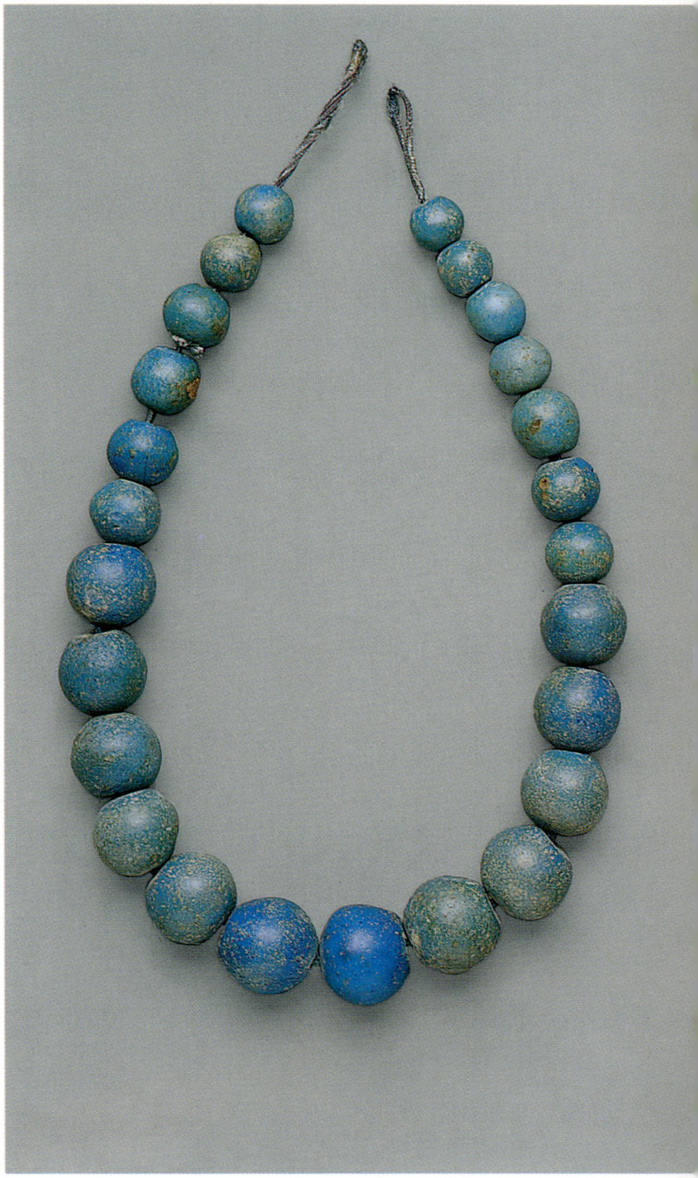

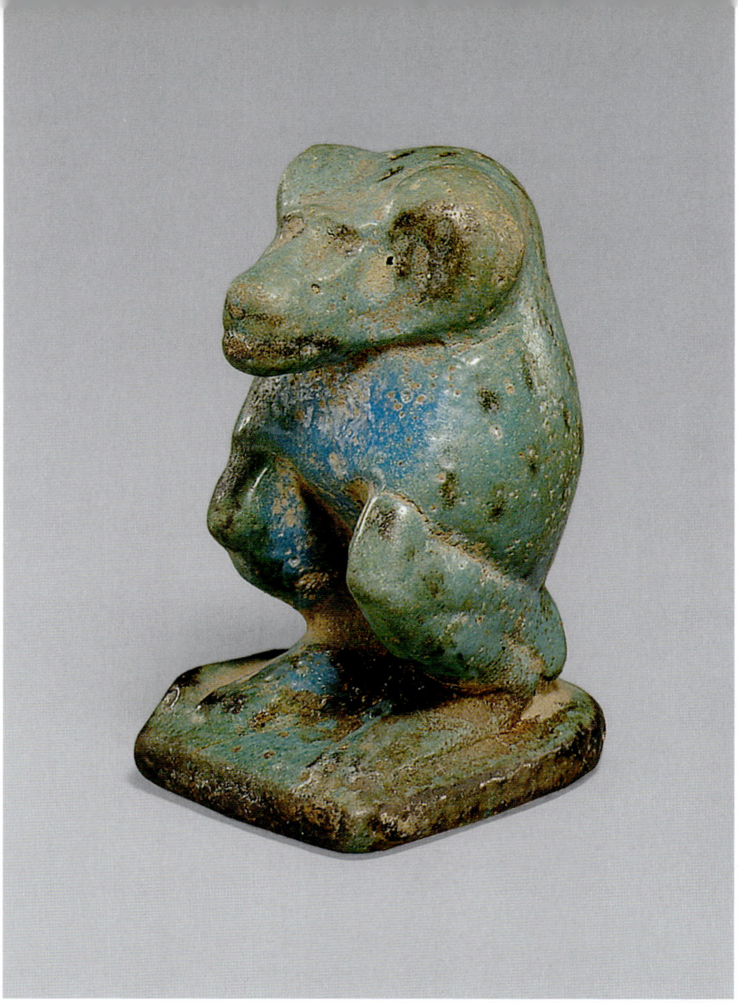

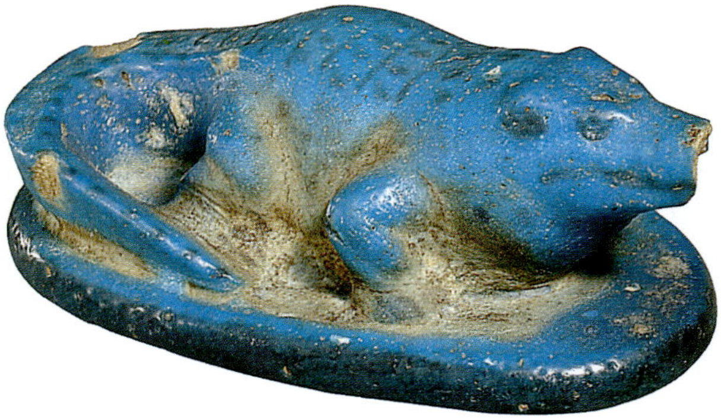

**13. Babouin**
*Moyen Empire, XIIIe Dynastie, v. 1720 av. J.-C.*
*Faïence. Hauteur : 4,5 cm. ECM 723*

**14. Crocodile**
*Moyen Empire, XIIIe Dynastie, v. 1720 av. J.-C.*
*Faïence. Hauteur : 5,5 cm. ECM 742*

La faïence – *tjehenet*, ou « ce qui brille » – avait une signification particulière pour les Égyptiens. Sa couleur bleu-vert évoquait les jeunes pousses et la renaissance, et sa surface réfléchissante rappelait l'éclat du soleil. Produite depuis la nuit des temps, elle est peut-être le matériau le plus représentatif de la culture dynastique et utilisée pour les jarres, chaouabtis, amulettes, objets votifs ou autres.

Ces deux figures appartiennent à une catégorie particulière de sculptures miniatures en faïence retrouvées dans des tombes (et apparemment exclusivement réalisées pour celles-ci) préparées pendant une période précise de l'histoire égyptienne : la fin du Moyen Empire (entre 1850-1700 avant Jésus-Christ environ). Le thème commun est l'ordre, exprimé par le contrôle de son contraire – le désordre, le marginal ou l'inhabituel. Le babouin et le crocodile sont les exemples mêmes d'une sauvagerie qui échappe au contrôle des hommes, sur la terre et dans l'eau. Parmi les autres figures en faïence de même nature, il convient de citer l'hippopotame, la gerboise du désert et le chat qui, à cette époque reculée, n'était pas encore apprivoisé et considéré comme un animal domestique.

La signification précise de ces images funéraires est suggérée par les pièces qu'elles remplacent. Les tombes du début du Moyen Empire contenaient des représentations de serviteurs (voir cat. n° 4), des aliments, des vêtements et des bateaux, afin de créer pour l'éternité tout ce qui aidait le défunt dans sa vie terrestre. À cette époque, les cercueils étaient rectangulaires, ornés de frises représentant les objets offerts lors des rites funéraires, et comportaient des colonnes de textes funéraires en hiéroglyphes cursifs appelés les Textes des cercueils. Les objets et les textes en appellent explicitement à une vie dans l'au-delà sûre et comblée. Cependant, au milieu de la XIIe Dynastie, les coutumes funéraires changèrent subitement. Dans la plupart des tombes, les objets et les textes furent remplacés par des cercueils momiformes avec peu ou même pas du tout d'inscriptions, et par ces ensembles de figures en faïence bleue. Implicitement, ces charmants animaux assument donc les mêmes fonctions religieuses : assurer la quiétude de la vie éternelle des défunts.

Le thème de la fertilité, souligné par le choix du matériau à partir duquel ces petites statuettes étaient exécutées, est renforcé par la représentation de plantes des marais sur les figures d'hippopotames et par les ensembles de fruits et de légumes miniatures qui, dans la tombe, accompagnent fréquemment les créatures.

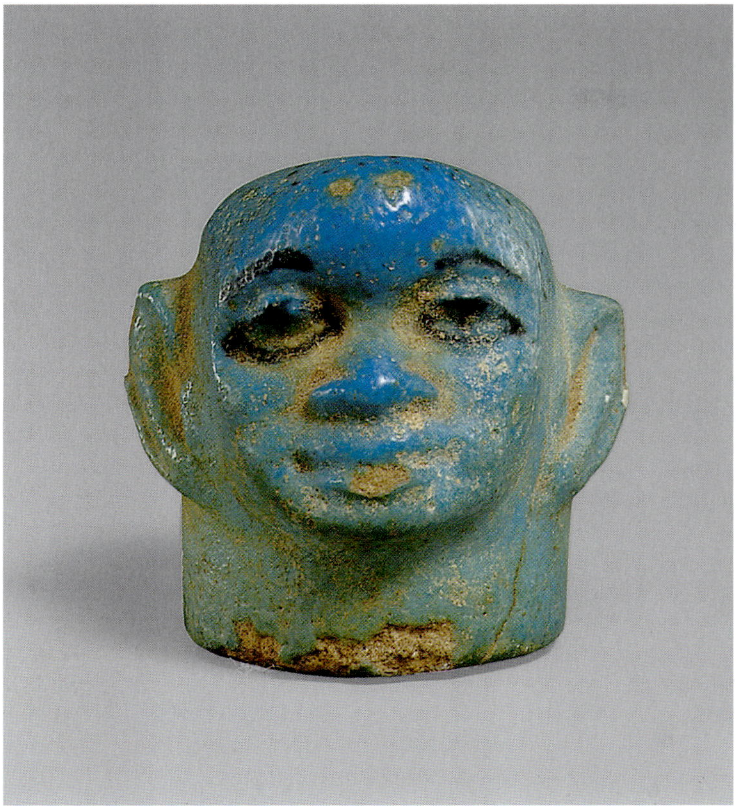

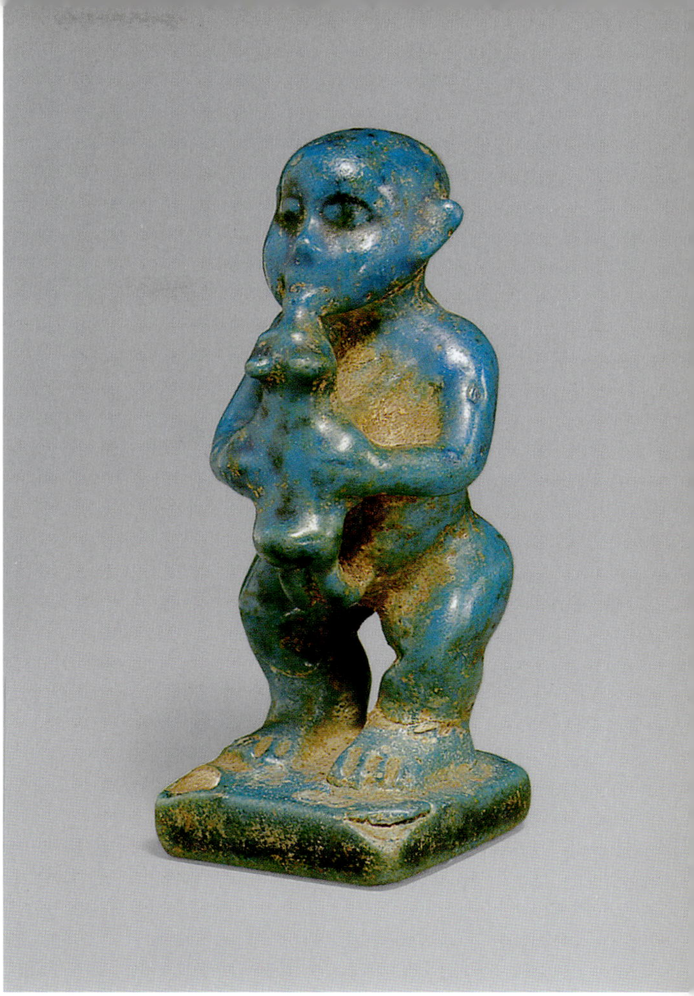

**15. Tête de nain**
*Moyen Empire, XIIIe Dynastie, vers 1720 av. J.-C.*
*Faïence. Hauteur : 3,5 cm. ECM 495*

Les figures de nains (voir cat. n° 75), qui occupaient le terrain incertain situé entre le monde des mortels et celui des divinités, étaient fréquemment placées dans les tombes de la fin du Moyen Empire. Leur présence avait non seulement pour fonction d'assurer l'éternelle pérennité des services qu'ils accomplissaient dans la vie terrestre (tels que les danses rituelles), mais aussi de contrôler les forces du désordre, à l'instar du rôle joué par les petites figures en faïence représentant des animaux (voir cat. nos 13 et 14).
Ces figures de nains sont aussi variées que celles représentant des animaux, et les deux pièces conservées à Eton sont uniques. La tête, dont le crâne est déformé, n'est pas un fragment. Intacte, elle constitue un objet distinct, doté d'une base plate, qui peut faire penser à un trophée.

**16. Nain avec un animal**
*Moyen Empire, XIIIe Dynastie, vers 1720 av. J.-C.*
*Faïence. Hauteur : 6 cm. ECM 1841*

À première vue, l'animal dans les bras de la figure debout semble être un chiot en train de lécher la bouche de son maître. Cependant, comme la figure est un serviteur, l'animal qui fait l'objet de son attention est probablement un porcelet. Une scène comparable, avec un cochon de lait, est visible dans le mastaba de l'Ancien Empire élevé à Saqqarah pour Kagemni. Une faïence similaire, conservée au Petrie Museum de Londres (UC 16684), représente un nain tenant un instrument composé de deux rangées de roseaux précisément de la même manière et en train de jouer de la musique dans l'au-delà pour le plaisir ou la protection du défunt.

**17. Coupe aux noms de Sébekhotep IV**
*Moyen Empire, XIIIe Dynastie, 1711-1704 av. J.-C.*
*Provenance : Thèbes (Assassif ?)*
*Faïence. Diamètre : 10 cm. ECM 1475*

Sobre et gracieuse à la fois, cette coupe rappelle dans un matériau plus noble les poteries ordinaires de cette période qui étaient destinées à recevoir des liquides.

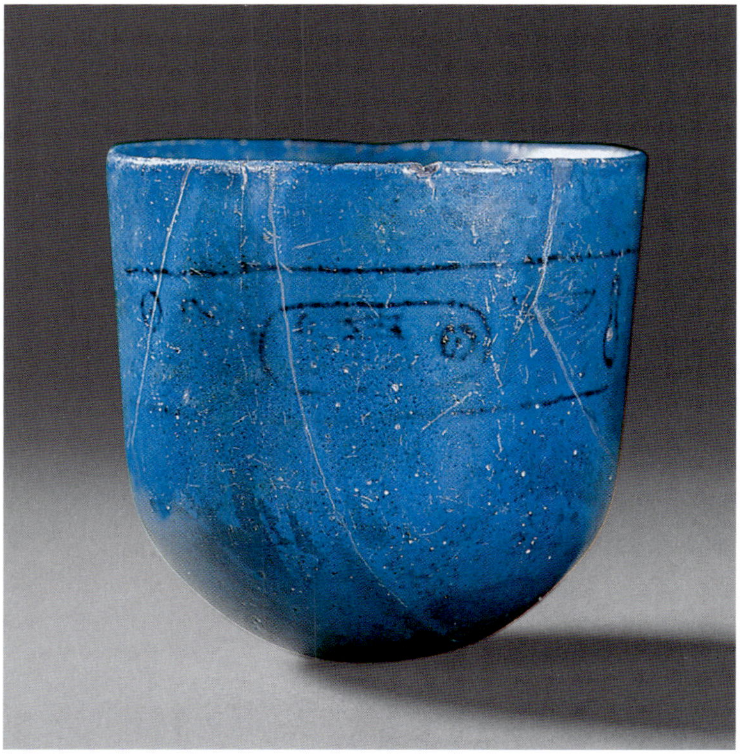

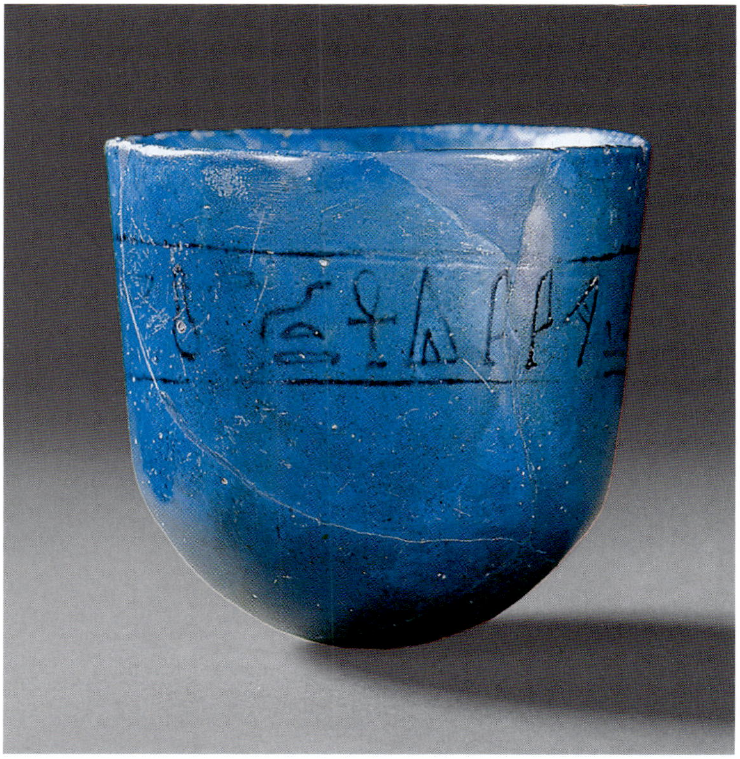

Reconstitué à partir de fragments, notre exemplaire n'a été restauré que sur une petite partie du rebord. Avec sa glaçure bleu lapis, l'unique bandeau de hiéroglyphes qui orne la surface extérieure fait référence au roi Khaneferrê Sébekhotep IV de la XIIIe Dynastie.
D'après les notes de William Myers, cette coupe a été découverte aux environs d'Assassif sur la rive occidentale de Thèbes. Elle avait peut-être été placée dans la tombe d'une personne aisée – à l'instar des objets exhumés par le cinquième comte de Carnarvon et Howard Carter ainsi que d'autres fouilleurs –, une grande marque de faveur pour le propriétaire de la sépulture de la part du souverain dont elle porte le nom. Toutefois, un pied en faïence portant également la titulature de Sébekhotep IV, et d'échelle similaire, qui est conservé à la Yale University Art Gallery (YAG 1936.30), arbore une formule d'invocation à Hathor. Il s'agit peut-être d'un ex-voto provenant de Deir el-Bahari, lieu sacré dédié à cette déesse (voir cat. n° 7).

**18. Façade d'un sanctuaire aux noms de Thoutmôsis II et Hatchepsout**
*Nouvel Empire, XVIIIe Dynastie, règne d'Hatchepsout, 1473-1458 av. J.-C.*
*Provenance supposée : Thèbes (Deir el-Bahari)*
*Bois peint. Hauteur : 29,5 cm. ECM 1888*

Hatchepsout est la plus célèbre des rares femmes qui aient occupé le trône durant les trois millénaires de la période pharaonique. Son extraordinaire ascension semble avoir eu lieu entre la seconde et la septième année du règne de son neveu, Thoutmôsis III, avec lequel elle continua à exercer le pouvoir en tant que corégente jusqu'à sa propre mort à la vingt-deuxième année du règne.
La partie supérieure de cet encadrement en bois sculpté et peint arbore des hiéroglyphes symétriques comprenant le nom d'Horus d'Hatchepsout, le premier de ses cinq noms royaux, qui identifie la femme pharaon à l'incarnation terrestre du dieu de la royauté. Toutefois, les piliers latéraux comportent les cartouches non pas de la reine mais de Thoutmôsis II, accompagnés des épithètes « aimé d'Hathor, dame de Dendéra » (à gauche) et « aimé d'Amon, chef suprême des Deux Terres, seigneur du Ciel » (à droite). L'importance accordée à ce souverain est inhabituelle. Dans ses inscriptions royales, Hatchepsout mentionne rarement Thoutmôsis II, son demi-frère et mari, insistant davantage sur son père Thoutmôsis Ier. Un autre élément curieux est l'absence de référence au jeune Thoutmôsis III, corégent d'Hatchepsout. Cependant, l'encadrement préservé ici ne constitue qu'un fragment de l'objet d'origine.
La fabrication, quoique soignée, ne témoigne d'une qualité royale ni dans le choix du matériau ni dans la forme et l'agencement des hiéroglyphes. À première vue, cet objet représente l'avant d'un petit sanctuaire, mais cette interprétation peut être illusoire. Il peut également s'agir d'un cadre entourant une stèle à sommet arrondi.

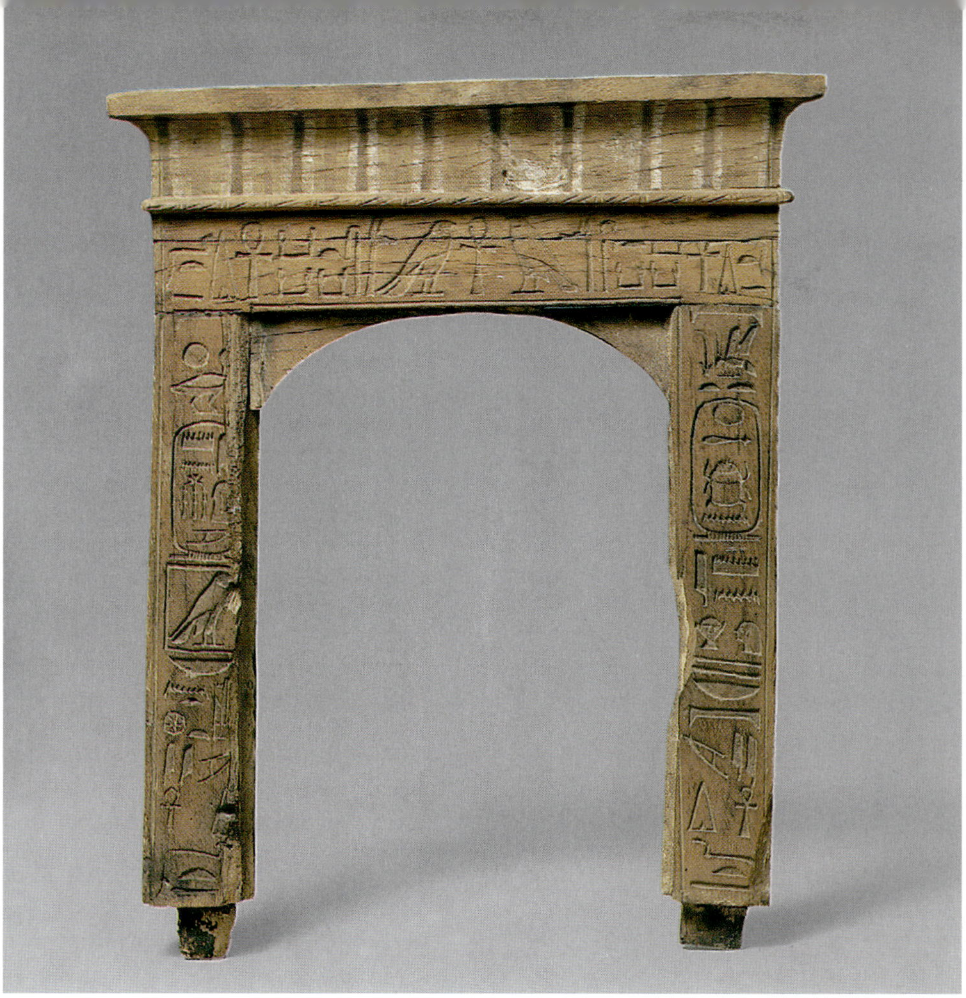

Dans ce cas, des indications sur le contenu de la stèle manquante devraient se trouver parmi les inscriptions du cadre.

Sur le pilier de droite, le nom de Thoutmôsis II se lit de droite à gauche, alors que les autres signes qui s'y trouvent se lisent de gauche à droite. En règle générale, le texte est aligné avec les figures auxquelles il se réfère, de telle sorte que les signes orientés vers la droite accompagnent une figure tournée vers la droite. Si ce principe avait été appliqué ici, une figure représentant Thoutmôsis II aurait dû se placer à gauche, dirigée vers la droite. Il s'agit de la position de prestige sur les stèles égyptiennes, ce qui indiquerait que le motif central illustre un Égyptien (à droite) priant ou se présentant au défunt Thoutmôsis II.

Sur le pilier de gauche, le nom « Thoutmôsis » est accompagné de l'épithète « aimé d'Amon ». Or cette combinaison n'est attestée sur aucun autre cartouche consacré à ce pharaon, mais suit un modèle institué par son père Thoutmôsis Ier avec des expressions variables telles que « aimé de Rê » ou « image d'Amon ». Les divinités évoquées dans le texte, ainsi que leur position sur l'encadrement, semblent indiquer précisément la provenance de l'objet. Bien qu'Hathor, dame de Dendéra, soit mentionnée sur le pilier gauche, c'est ici le dieu thébain Amon qui reçoit l'épithète absolue de « Seigneur du Ciel ». Le rituel d'offrande quotidien fait référence au « ciel » pour qualifier le sanctuaire du dieu. Cette épithète implique donc qu'Amon soit la principale divinité du sanctuaire dans lequel se trouvait cet objet. Le matériau comme le texte – Amon est présenté non pas en tant que seigneur de Karnak mais de manière plus vague comme le « chef suprême des Deux Terres » – désignent la rive occidentale de Thèbes, en particulier la zone située au sud du temple d'Hatchepsout, entre le sanctuaire central dédié à la reine et à Amon, et le sanctuaire d'Hathor immédiatement au sud. Les hommes et les femmes venus prier Hatchepsout ont laissé des centaines d'objets votifs autour de son sanctuaire, que les fouilleurs de Deir el-Bahari ont retrouvés disséminés aux abords du complexe. L'encadrement conservé à Eton College ne nous renseigne pas sur l'auteur de cette offrande, mais du moins témoigne-t-il de la rare dévotion d'un homme (ou d'une femme) pour Thoutmôsis II et son ambitieuse épouse et héritière.

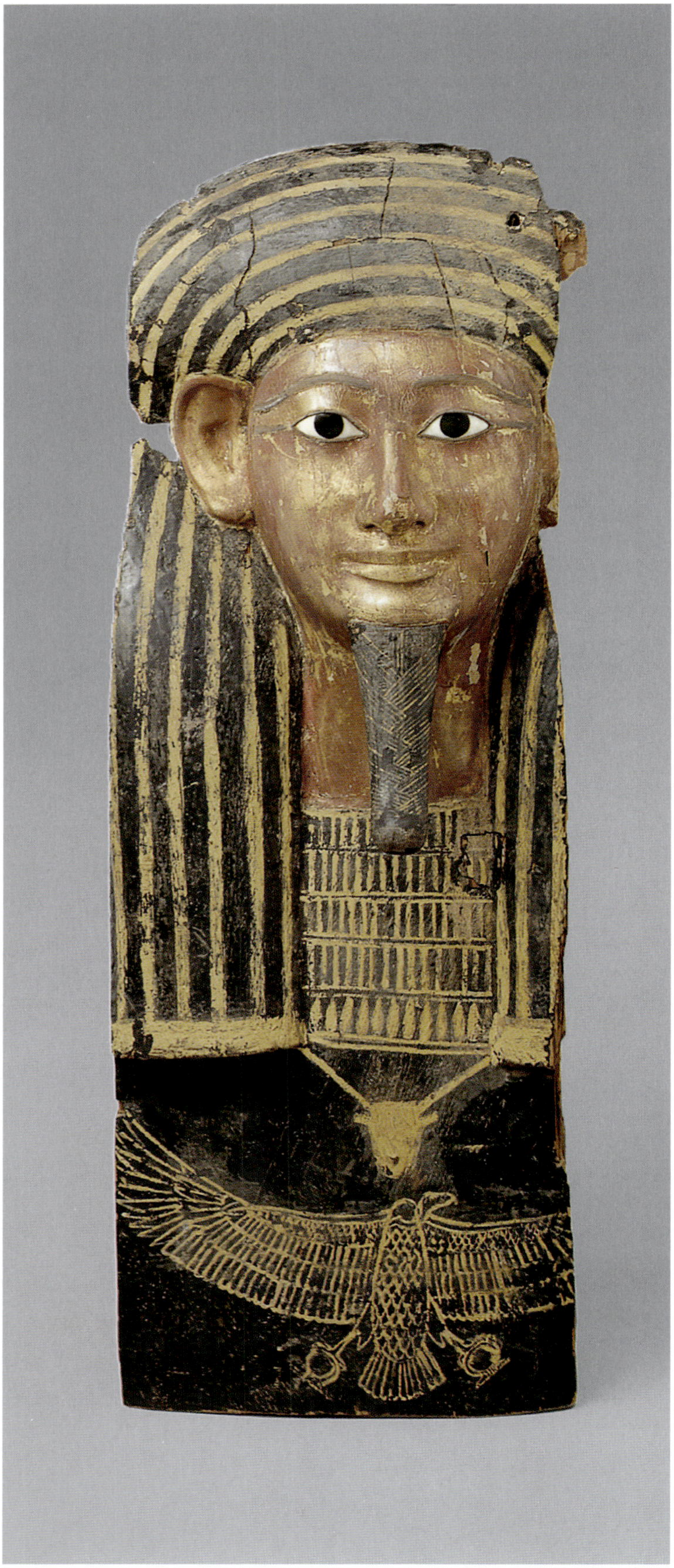

**19. Fragment du cercueil du grand bâtisseur Amenhotep**

*Nouvel Empire, XVIIIe Dynastie, v. 1425 av. J.-C.*
*Provenance : Thèbes (Dra Abou el-Naga, tombe TT A7)*
*Bois peint, doré et incrusté. Hauteur : 83 cm. ECM 1876*

Comme l'ont démontré les égyptologues Charles C. van Siclen et Suzanne Eichler, la tombe thébaine de l'architecte Amenhotep et de sa femme Mutresti est celle qui porte aujourd'hui le numéro A7 à Dra Abou el-Naga. Ses appartements funéraires, qui ont conservé toute leur splendeur, ont vraisemblablement été mis au jour par des fouilleurs locaux vers 1890. Les circonstances précises de cette découverte, tout comme le contenu de la sépulture, resteront sans doute à jamais mystérieuses, car les objets ont été dispersés peu après sans aucune documentation. Seuls les éléments portant le nom du défunt peuvent aujourd'hui être identifiés. On trouve parmi eux : le fragment de couvercle de cercueil d'Eton College exposé ici ; la cuve du cercueil (Uppsala, 151) ; des fragments du papyrus funéraire de l'époux (British Museum, Londres, EA 10489 ; collection particulière, Stockholm ; Museum of Fine Arts, Boston, 22.401 ; Redwood Library and Athenaeum, Newport, Rhode Island ; collection Dortmund 22, Amsterdam ; Metropolitan Museum of Art, New York, 30.8.70a-b) ; les quatre vases canopes du défunt et un chaouabti (Oriental Institute Museum, Chicago, 92.36-39, 92.234). Les cônes funéraires d'Amenhotep, jadis disposés en rangées régulières au-dessus de l'entrée de la chapelle, correspondent au type 185 répertorié dans le *Corpus* de Davies et Macadam.

Le couvercle du cercueil a été préservé seulement jusqu'au niveau de la ceinture. Toutefois, le nom du défunt et son titre principal – « Chef des bâtisseurs d'Amon, Amenhotep, juste de voix » – subsistent sur la face interne enduite de résine, inscrits en jaune à côté d'une image de la déesse Nout et des premiers mots de la formule 356 des Textes des pyramides.

Malgré son état fragmentaire, le couvercle d'Eton College constitue l'un des plus beaux exemples de l'art funéraire de la XVIIIe Dynastie qui soient parvenus jusqu'à nous, et dont la qualité reflète clairement la haute position de son occupant à la cour. Si l'on en juge par le papyrus d'Amenhotep, les obsèques de l'architecte eurent lieu durant le règne de Thoutmôsis III ou peu de temps après, dans une période de construction intense au temple d'Amon de Karnak et en d'autres lieux. De nombreuses réalisations de cette époque ont été préservées, telles la Salle du jardin botanique et la Chambre des ancêtres. Notre grand bâtisseur fut sans doute impliqué dans l'édification de certaines d'entre elles.

## 20. Étui à onguents aux noms d'Aménophis II

*Nouvel Empire, XVIII^e Dynastie, règne d'Aménophis II, 1427-1400 av. J.-C.*
*Faïence. Hauteur : 16 cm. ECM 1631*

D'un grand raffinement, ce contenant imite la forme d'une colonne palmiforme de l'Ancien Empire avec son fût cylindrique couronné de palmes resserrées. L'échelle et la finesse du décor permettent clairement d'attribuer cet objet à un atelier royal. En revanche, sa fonction précise reste incertaine. Un cylindre sculpté similaire, conservé au Metropolitan Museum of Art (New York, 26.7.914), semble avoir renfermé du khôl (voir cat. n° 39) – une utilisation qui est envisageable ici. Le bouton situé à mi-hauteur du chapiteau de palmes servait probablement à fixer un cordon pour retenir et fermer le couvercle aujourd'hui disparu, afin de préserver le contenu de l'étui.
Le corps de l'objet arbore les cartouches d'Aménophis II (b) ainsi qu'un panneau de trois lignes de hiéroglyphes vantant les qualités physiques et militaires du roi : « Ô dieu parfait en vérité, le souverain, vie ! prospérité ! santé ! dénué de forfanterie, fils d'Amon, aimé de Montou, champion de tous les dieux car créé par Amon à partir de son propre corps, il vous a assuré la victoire comme nul autre roi n'y est parvenu depuis le premier instant de la création. » Chose étonnante, sous cette inscription figurent deux chars auxquels sont attelés des chevaux. Introduit en Égypte durant la Seconde période intermédiaire, le cheval constituait un animal de luxe dans le pays du Nil. Il était utilisé uniquement pour les plus grandes cérémonies comme moyen de locomotion ou dans un cadre militaire.
Chacun des chevaux porte un nom : (c) Amunerhatef (Amon est devant lui), Seshemnefer (le bon guide), et (a) Aakherredwyef (celui qui est grand sous ses pattes), Djerefamun (approximativement, succession d'Amon). On peut comparer ces noms de chevaux – les plus anciens à être parvenus jusqu'à nous – à ceux de l'époque ramesside qui a suivi (tel le nom théophore « Mout est satisfaite »).
Sur notre exemplaire, Aménophis II reçoit l'épithète « aimé d'Amon, Seigneur des trônes des Deux Terres », qui le place sous l'égide de la principale divinité du Nouvel Empire.
Sous les noms du roi et dieu (b), un panneau arbore un motif constitué d'un groupe de hiéroglyphes que l'on peut traduire par « voyant la perfection ». On trouve ce même groupe sur des monuments du Moyen Empire faisant référence au roi réincarné – par exemple sur le pyramidion d'Amenemhat III de Dahchour (Musée égyptien du Caire, JE 35133) et sur la stèle de Nebipusenwosret (British Museum, Londres, EA 101). Les idées de vue et de perfection conservent une place essentielle dans les textes religieux et l'imagerie du Nouvel Empire égyptien, atteignant leur apogée avec le culte du soleil d'Akhénaton.
Sur cet étui à l'effigie d'Aménophis II, un siècle avant Akhénaton, la vue est assimilée à une voie vers la perfection divine à travers le rituel de l'ornement de l'œil.

a

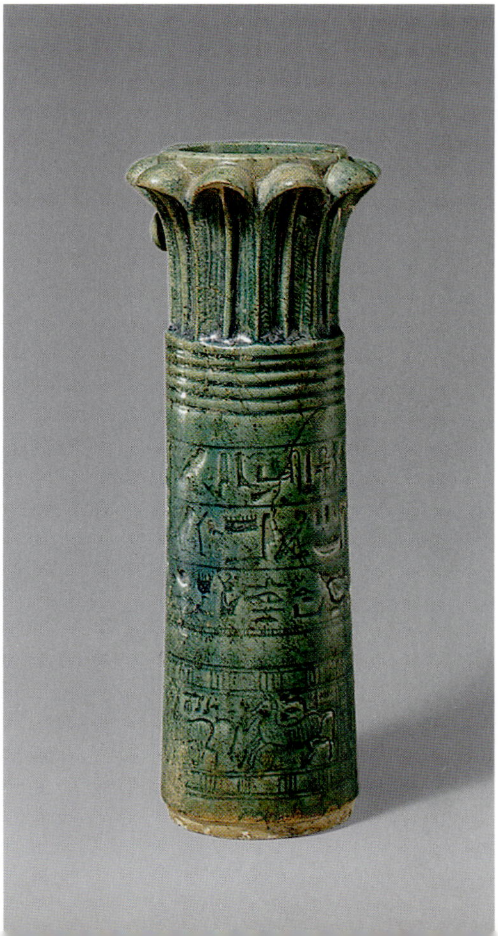

b

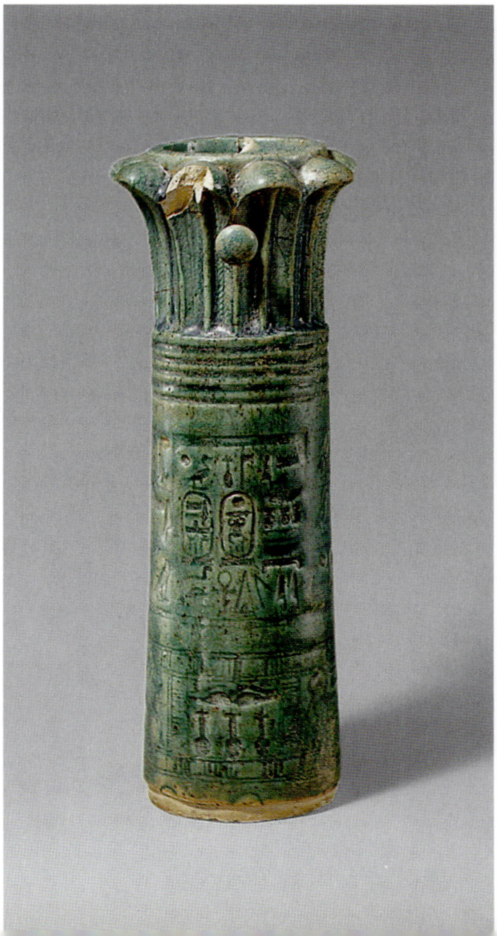

c

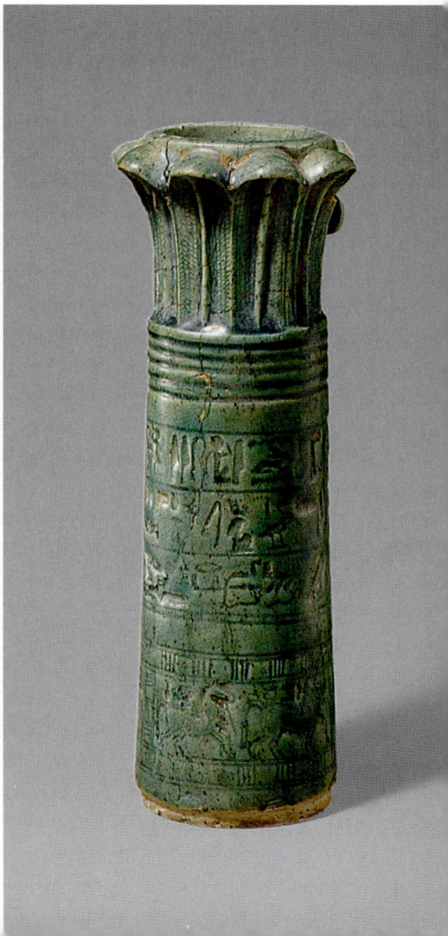

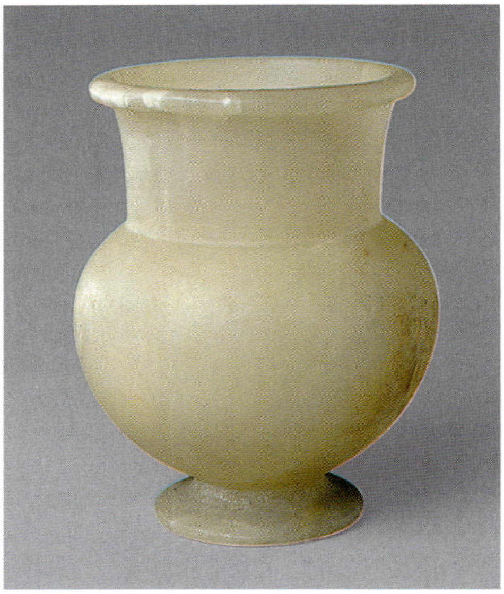

21

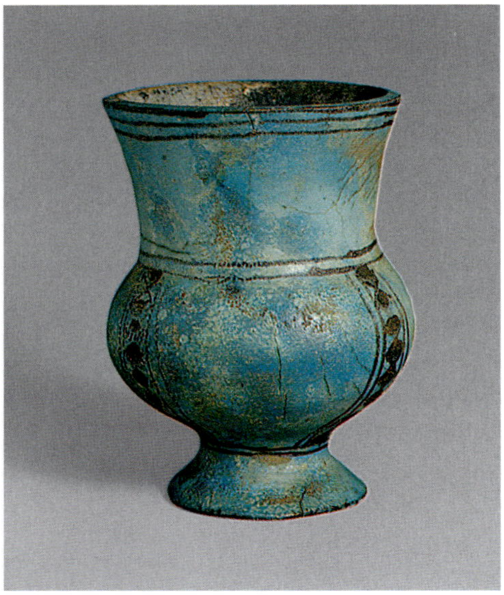

22

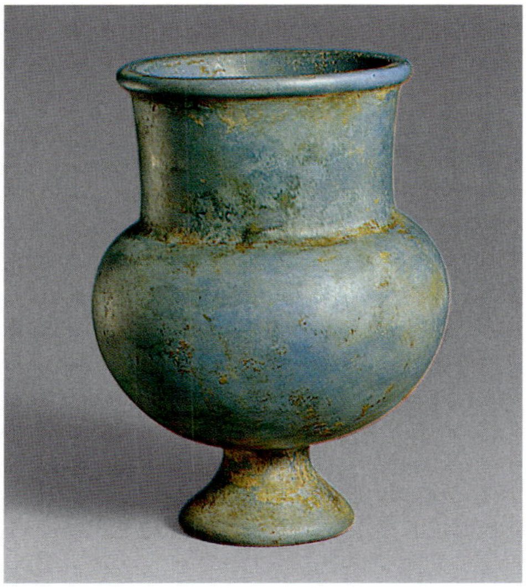

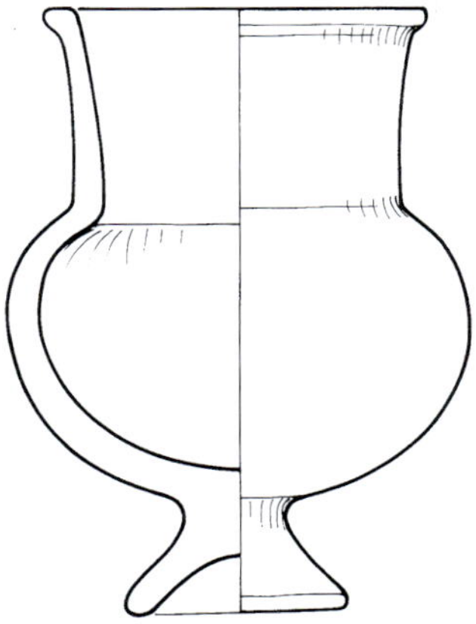

*Croquis de la surface externe et coupe longitudinale (cat. n° 23)*

**21. Vase caliciforme**
*Nouvel Empire, XVIIIe Dynastie, v. 1375 av. J.-C.*
*Albâtre égyptien. Hauteur : 11 cm. ECM 470*

**22. Vase caliciforme**
*Nouvel Empire, XVIIIe Dynastie, v. 1425 av. J.-C.*
*Faïence. Hauteur : 10 cm. ECM 1722*

**23. Vase caliciforme**
*Nouvel Empire, XVIIIe Dynastie, v. 1375 av. J.-C.*
*Fritte bleue. Hauteur : 10,5 cm. ECM 1645*

Ces trois contenants déclinent la forme du vase caliciforme ou « vase chardon » à pied dans différents matériaux. Des exemplaires apparentés en verre à montures d'or, en stéatite et en albâtre ont été découverts parmi le mobilier funéraire de trois femmes étrangères de Thoutmôsis III (Metropolitan Museum of Art, New York, 18.8.23 ; 26.7.1175 ; 26.8.32), tandis que d'autres pièces en albâtre, en serpentine brune et en « pâte verte », mises au jour par Flinders Petrie en 1889 dans la tombe de Meket à El-Lahoun, permettent d'en confirmer la datation. Par sa matière vitreuse de couleur bleue (fritte bleue ou bleu égyptien), un vase à pied similaire provenant d'une sépulture d'Abydos du milieu de la XVIIIe Dynastie s'apparente à notre inventaire n° 23, à l'instar d'un autre exemplaire provenant du cimetière est de Deir el-Médineh (tombe n° 1382), aujourd'hui conservé au Louvre (E 14565). La fonction précise de ces vases est difficile à établir. Toutefois, les bordures renflées de nos exemplaires en albâtre et en verre seraient gênantes pour boire, suggérant qu'ils auraient été utilisés comme vases à onguents.

**24. Flacon à double anse**

*Nouvel Empire, XVIII^e Dynastie, v. 1350 av. J.-C.*
*Verre bleu pâle (partiellement décoloré) avec des traces bleu foncé et blanches. Hauteur : 9 cm. ECM 1589*

Le verre fut le matériau de luxe prééminent de la XVIII^e Dynastie avec des contenants moulés sur noyau qui commencèrent à être fabriqués sous le règne de Thoutmôsis III selon une technique développée auparavant en Asie occidentale. Pour réaliser le décor, le verrier disposait des filets de verre coloré incandescents sur le fond monochrome. Il pouvait ensuite les « peigner » dans la direction souhaitée avant que la pâte ne refroidisse et ne devienne solide, et enfin polir l'ensemble. La production de ce type particulier de flacon en verre à double anse semble s'être limitée aux règnes d'Aménophis III et d'Akhénaton – l'une des périodes les plus brillantes de l'histoire égyptienne avec des réalisations sans précédent dans de nombreux domaines artistiques. Notre exemplaire a sans doute été conçu sur le modèle des poteries mycéniennes importées, que l'on a trouvées en abondance sur les sites des palais royaux de Malqata(à l'ouest de Thèbes) et d'Amarna. L'importation massive de ces petits flacons laisse supposer qu'ils contenaient un liquide précieux, vraisemblablement une huile spéciale. Il est probable que leurs versions égyptiennes en verre aient été employées de la même manière.

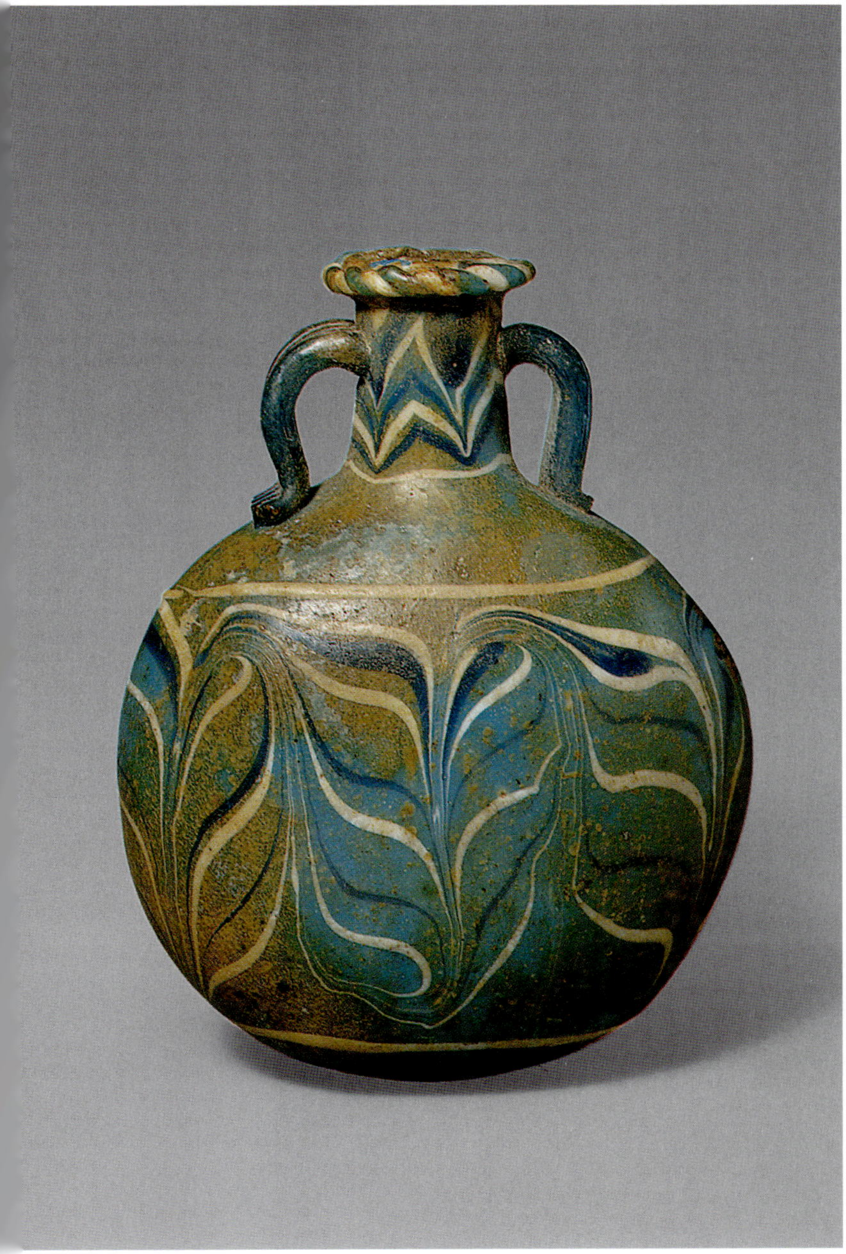

**25. Flacon miniature à double anse**

*Nouvel Empire, XVIII^e Dynastie, v. 1350 av. J.-C.*
*Faïence. Hauteur : 4,5 cm. ECM 1620*

Ce flacon de faïence est la version miniature du contenant en verre précédent qui imite la poterie mycénienne (voir cat. n° 24). La panse arbore sur sa partie supérieure un bandeau de pétales de lotus, d'où pend un motif central représentant des fleurs et des boutons de lotus. Bien que symbolisant généralement la renaissance, le lotus fait peut-être ici simplement référence à l'huile parfumée destinée aux fêtes que ce flacon devait jadis contenir.

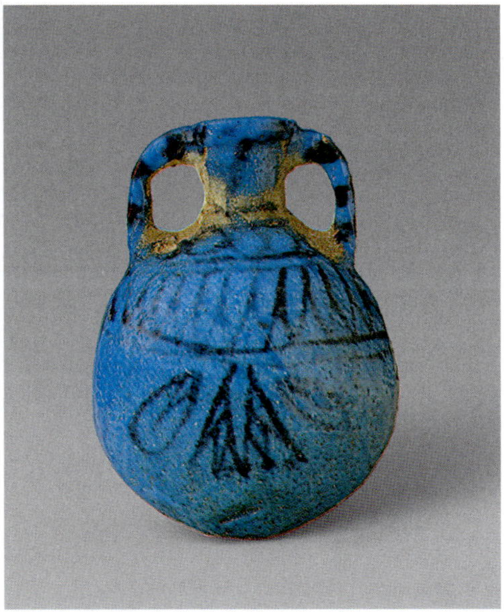

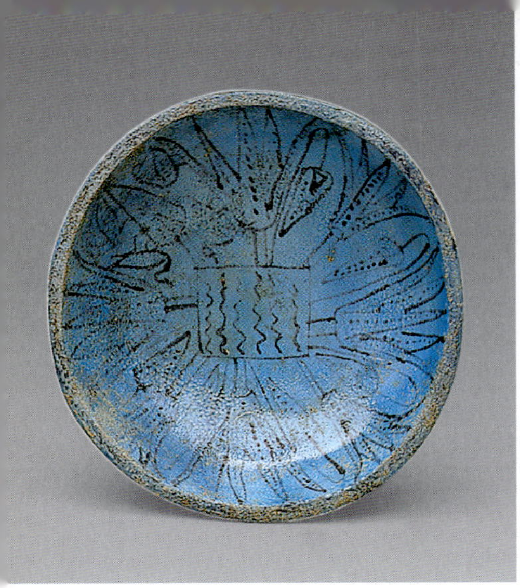

26

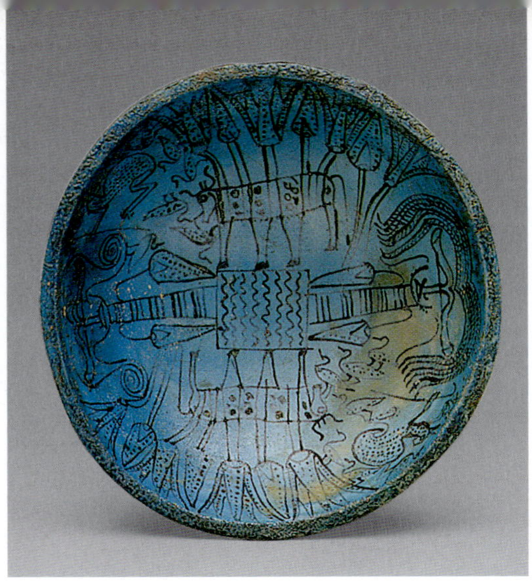

27

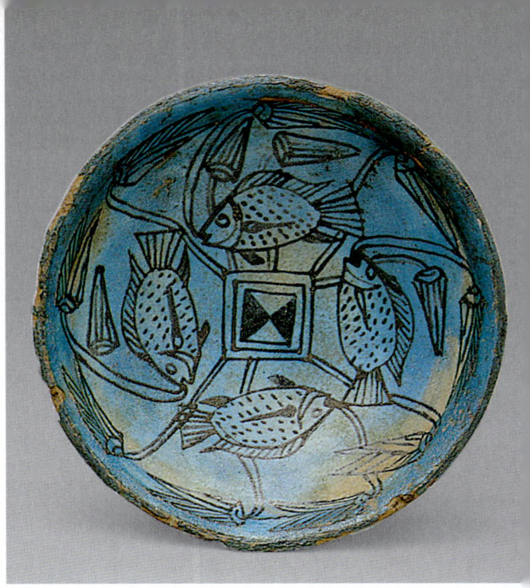

28

**26. Coupe aux lotus autour d'un lac**
*Nouvel Empire, XVIIIe Dynastie, v. 1450 av. J.-C.*
*Faïence. Diamètre : 11,5 cm. ECM 1479*

**27. Coupe aux emblèmes d'Hathor et lac central**
*Nouvel Empire, XVIIIe Dynastie, v. 1450 av. J.-C.*
*Faïence. Diamètre : 17 cm. ECM 1590*

**28. Coupe aux poissons autour d'un lac**
*Nouvel Empire, XVIIIe Dynastie, v. 1400 av. J.-C.*
*Faïence. Diamètre : 15 cm. ECM 1646*

**29. Coupe aux trois poissons à tête commune**
*Nouvel Empire, XVIIIe Dynastie, v. 1400 av. J.-C.*
*Faïence. Diamètre : 11 cm. ECM 1880*

**30. Coupe aux fleurs de lotus**
*Nouvel Empire, XVIIIe Dynastie, v. 1375 av. J.-C.*
*Faïence. Diamètre : 15 cm. ECM 1761*

**31. Coupe à la femme assise**
*Nouvel Empire, XIXe Dynastie, v. 1250 av. J.-C.*
*Faïence. Diamètre : 13 cm. ECM 821*

Parmi les productions les plus courantes du faïencier du Nouvel Empire figure la coupe peu profonde décorée en noir avec un certain nombre de motifs et inscriptions associés à la déesse Hathor et à l'eau douce en tant que source de vie. Les marais couverts de fleurs de lotus et de papyrus, les poissons tilapia, la vache d'Hathor et les jeunes filles légèrement vêtues tenant des instruments de musique, combinés de diverses manières, offraient un vocabulaire artistique sensuel.
Les coupes de ce type étaient manifestement fabriquées par moulage à partir d'un gabarit hémisphérique – peut-être un sac de toile rempli de sable, comme cela a été attesté à Kerma. Elles connurent leur âge d'or au milieu de la XVIIIe Dynastie sous Thoutmôsis III, lorsque pas moins de sept exemplaires furent déposés dans la sépulture familiale de Neferkhaut à Thèbes. Leur production se poursuivit durant la période ramesside.
La fonction précise de ces coupes est depuis longtemps controversée. On ne sait toujours pas si elles étaient destinées à un usage ménager ou conçues exclusivement à titre d'offrandes pour les temples ou les tombes.
Bien que Flinders Petrie ait découvert des coupes de faïence parmi les objets brûlés et enterrés dans la ville de Gourob, il se peut qu'il ne se soit pas agi uniquement de biens domestiques.
Si les fouilleurs ont décelé des traces de lait sur certains exemplaires thébains, la plupart des coupes étaient entièrement vides, ce qui laisserait penser qu'elles auraient servi à recueillir de l'eau, si toutefois elles ont contenu quoi que ce soit. William C. Hayes a perçu une possible allusion à ces coupes sur un beau récipient de bronze orné en son centre d'une représentation en trois dimensions d'Hathor sous les traits d'une vache (Metropolitan Museum of Art, New York, 30.8.67) – l'un des trois récipients trouvés par Percy Newberry devant l'entrée de la célèbre tombe thébaine de Rekhmirê (TT 100) en 1900. Hayes a remarqué que si les fleurs de lotus étaient immergées, la vache semblerait avoir les pattes plantées dans le marais. Des contenants similaires en argile étaient déjà utilisés au cours du Moyen Empire, arborant souvent des têtes d'Hathor ainsi que des trous apparemment destinés à recevoir des tiges de plantes.
La belle série de coupes appartenant à la collection d'Eton College couvre la plupart des motifs principaux et leurs variantes. Parmi les exemplaires intacts, deux au moins semblent avoir été acquis à Thèbes (dans un cas à Qourna). Il est toutefois impossible de savoir lesquels précisément, car la documentation subsistante de W. J. Myers est déplorablement vague. Le thème qui les unit quant à leur forme et leur décor est le lotus bleu (*Nymphaea caerulea*), qui par son ouverture et sa fermeture spectaculaires évoque le lever et le coucher du soleil, image primordiale de la renaissance dans la nature. Sur deux des exemplaires montrés ici (cat. nos 28 et 29), on peut voir parmi les fleurs de lotus le poisson tilapia. Présentant la particularité de faire incuber ses œufs dans sa bouche, cette créature symbolisait la présence de

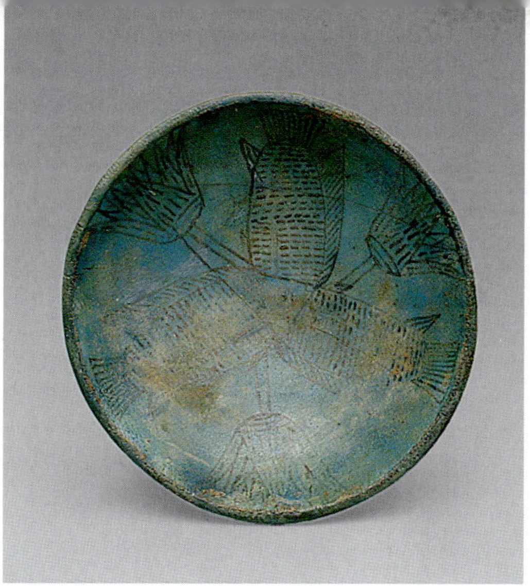

29

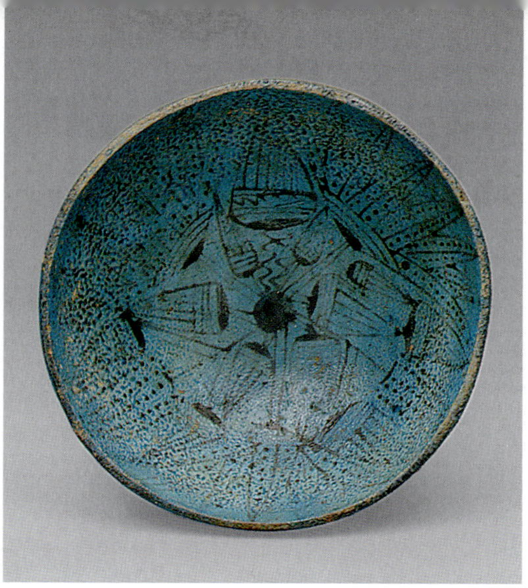

30

l'adulte et de sa progéniture dans un corps unique, devenant alors un symbole courant de la renaissance sous le Nouvel Empire. Sur la première de ces deux coupes, quatre poissons distincts nagent autour d'un lac central, chacun tenant une tige de lotus dans sa bouche, tandis que d'autres boutons de lotus forment une bordure circulaire autour de la composition. Sur la seconde, trois poissons sont soigneusement disposés, et se rejoignent au centre de la coupe en une tête commune. Souvent, des figures d'animaux ou d'oiseaux s'introduisaient dans ces scènes aquatiques. Ainsi l'oie offrait-elle une image de re-création particulièrement forte du fait de son association avec le dieu de la terre Geb et le dieu créateur Amon-Rê, et à cause de l'aspect phallique de son cou qui était loué dans les chants d'amour du Nouvel Empire. L'exemplaire n° 27 – qui a clairement été décoré par la même personne que le n° 26 – exploite l'imagerie de l'amour à profusion avec deux têtes de la déesse Hathor, l'une coiffée de grandes boucles et l'autre arborant des cheveux tressés. À cette composition se mêle la scène de l'oie gardée par un chat qui brandit un bâton. Celle-ci rappelle tout un monde de fables qui n'ont pas été consignées par écrit avant l'époque d'Ésope et ressortent également dans les dessins des artistes thébains de la période ramesside.

Parfois, l'image peinte sur la coupe semble faire directement référence à son propriétaire. Ainsi sur l'exemplaire n° 31, le personnage représenté n'est ni une agile jeune fille ni une déesse, mais une femme de la noblesse assise devant une table d'offrande, sur un siège majestueux agrémenté de pattes de lion et d'un haut dossier rembourré. Bien que la partie centrale soit abîmée, le sujet de la composition et certains éléments décoratifs (comme la prépondérance du volubilis, symbole de renaissance très prisé durant la période ramesside), prolongeant le thème des fleurs et des parfums, semblent indiquer un usage funéraire.

31

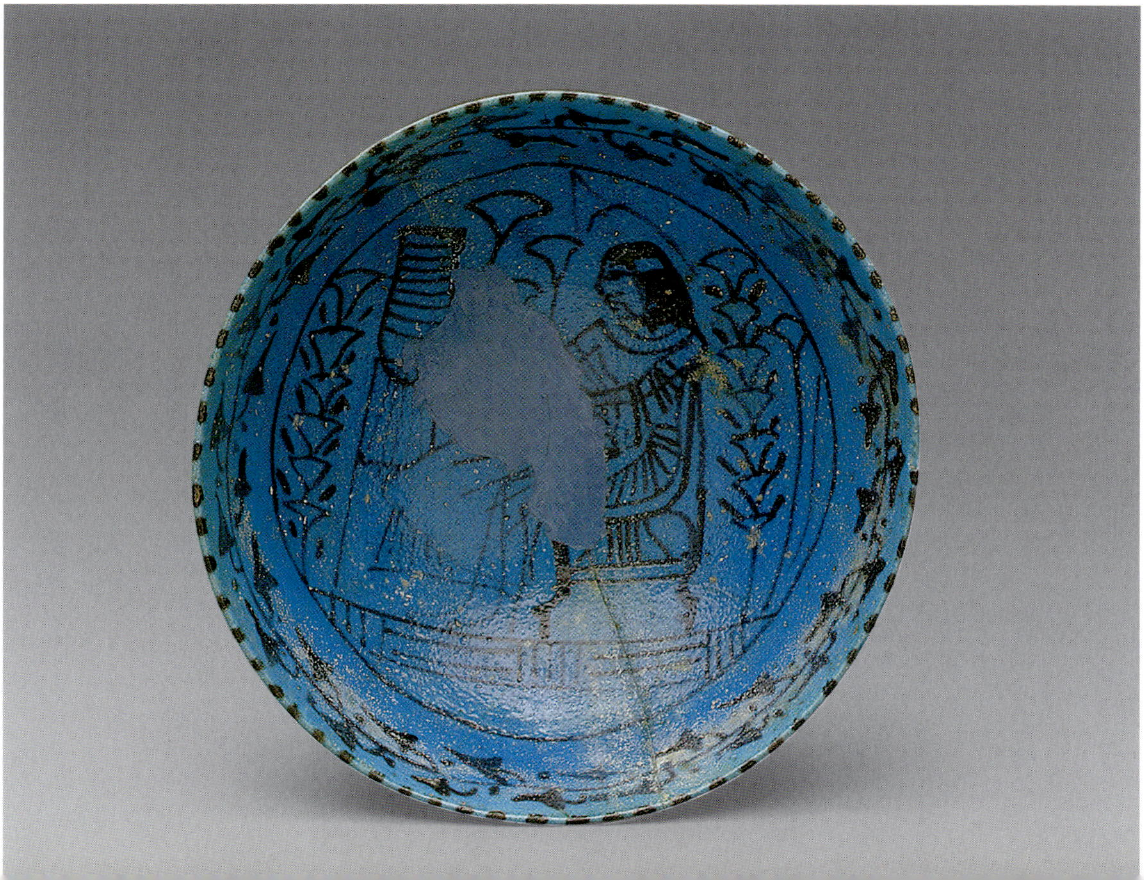

**32. Bassin au veau**

*Nouvel Empire, XIXe Dynastie, v. 1250 av. J.-C.*
*Faïence. Diamètre : 13 cm. ECM 1758*

Rappelant les coupes d'Hathor (voir cat. nos 26-31) par le matériau et le décor, ce bassin à fond plat a pour motif principal un veau tacheté arpentant un marais. Les longues tiges qui se terminent en ombelles triangulaires évasées sont celles du papyrus, le roseau géant du Nil qui peut atteindre cinq mètres de haut. L'animal porte au cou une autre ombelle de papyrus, et se déplace sur un motif quadrillé qui s'apparente davantage à la représentation des canaux et des terres cultivées qu'à celle des marais et des plans d'eau. *Ouadj*, l'un des mots égyptiens qui désignaient le papyrus épanoui à l'allure de sceptre, signifiait également « florissant » ou « vert ». Que ce récipient – comme peut-être les coupes – ait été destiné ou non à contenir l'eau d'arrosage pour les plantes, la vie nouvelle constitue le message sans équivoque de sa couleur et de son décor.

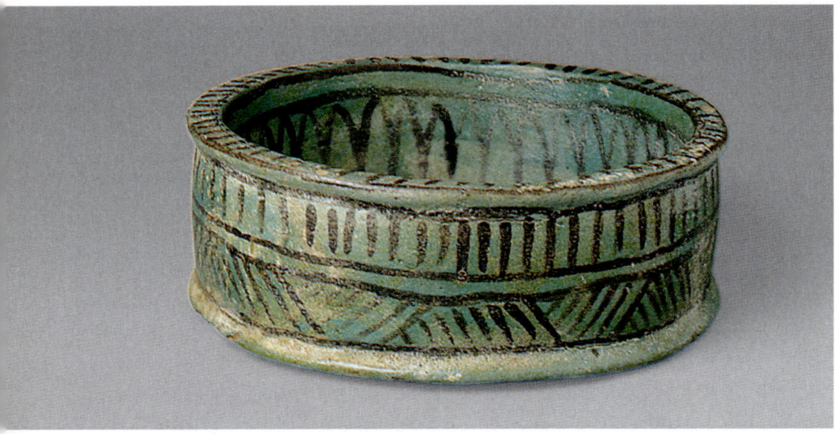

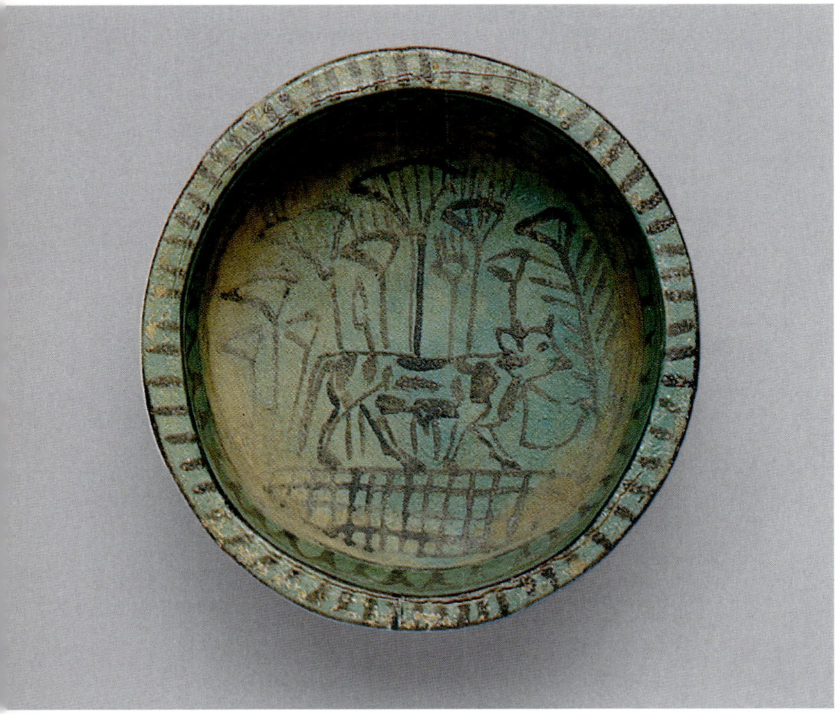

**33. Flasque en forme de poisson**

*Nouvel Empire, XVIIIe Dynastie, v. 1375 av. J.-C.*
*Faïence. Longueur : 12 cm. ECM 1785*

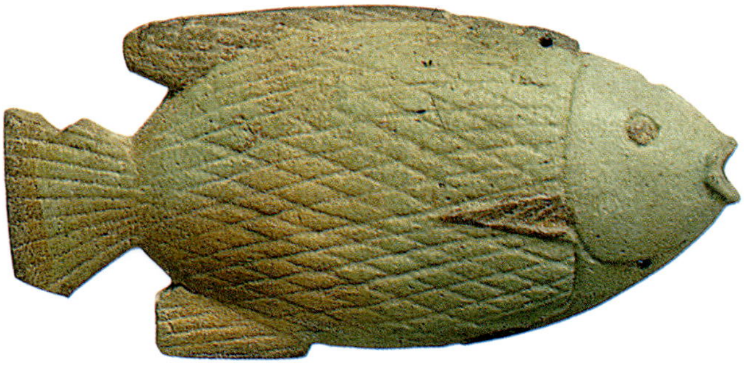

Les flasques modelées en forme de poisson – généralement le tilapia (*Tilapia nilotica*, ou *boulti* en arabe), dont nous avons déjà mentionné l'association avec la renaissance (voir cat. nos 28 et 29) – étaient fabriquées dans divers matériaux, y compris le verre, quoique le plus souvent en terre cuite et en faïence. Cet exemplaire en faïence vert pâle, percé de deux trous à l'avant de la nageoire dorsale au noir défraîchi et sous les branchies, était clairement destiné à être suspendu à la verticale. Étant donné son état, ce contenant – vraisemblablement conçu pour recueillir des huiles précieuses – provenait sans doute d'un contexte funéraire.

**34. Cuillère à fard en forme d'oryx**

*Nouvel Empire, XVIIIe Dynastie, v. 1375 av. J.-C.*
*Faïence. Longueur : 11 cm. ECM 799*

Au cours de la XVIIIe Dynastie et plus particulièrement sous le règne d'Aménophis III, les récipients à onguents donnèrent lieu à l'expression d'une grande virtuosité en matière d'arts appliqués avec le thème sous-jacent de la dévotion à Hathor, déesse de l'amour et de la beauté. Ces objets constituant des emblèmes de la procréation et par conséquent de la renaissance, on les trouve davantage dans les tombes que parmi les vestiges des habitations de leurs riches propriétaires. L'oryx entravé est un motif qui figure couramment sur les cuillères à fard, et continue d'être prisé jusqu'au début du premier millénaire avant Jésus-Christ et au-delà. (Les cornes élancées de l'oryx se distinguent aisément des cornes plus épaisses et recourbées de l'ibex, lequel apparaît agenouillé, mais non entravé, sur des objets comme des peignes ou des chaises.) Parmi les scènes sculptées sur les temples figure celle d'un rituel selon lequel l'animal du désert est sacrifié et offert à la déesse. La symbolique en est la maîtrise du désordre par l'ordre – souvent, sur les cuillères, à travers la présence de l'iconographie associée à Hathor.
L'oryx d'Eton College est un véritable chef-d'œuvre de sculpture ajourée avec ses cornes, ses oreilles et ses pattes entravées. Sur un côté, le corps de l'animal a été évidé pour recueillir un produit, probablement un baume.

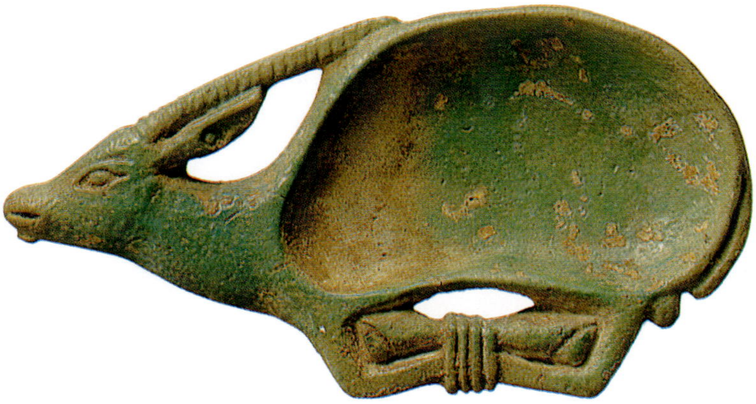

Un parallèle très proche conservé au Toledo Museum of Art (Ohio, 1953.152) serait en fritte de bleu égyptien. Celle-ci est utilisée pour la plupart des exemplaires de ce type bien que d'autres matériaux, dont la faïence (comme ici) et la pierre, soient également attestés pour des objets similaires.

### 35. Cuillère à fard à la joueuse de luth

*Nouvel Empire, XVIIIe Dynastie, v. 1350 av. J.-C.*
*Stéatite. Hauteur : 10 cm. ECM 1793*

L'iconographie figurant sur les cuillères à fard de la XVIIIe Dynastie est complexe et donc assez difficile à analyser de nos jours. Bien que ces objets soient généralement réalisés en bois, celui-ci est en stéatite foncée. Il représente une joueuse de luth portant une courte perruque nubienne, agenouillée sur un esquif en papyrus à la proue en tête de canard, sur fond de lac planté de papyrus. Le plan d'eau, distinct de la composition principale, est représenté par le cuilleron même qui contient l'onguent. La gaieté de cette scène est confirmée par le rectangle qui figure sous l'embarcation, dont le décor évoque à la fois l'idée d'« eau » et de « fête ». Peut-être cette imagerie est-elle plus précise que cela, faisant par exemple allusion à une histoire particulière ou à une chanson de l'époque, mais il est malheureusement impossible de le déterminer aujourd'hui.

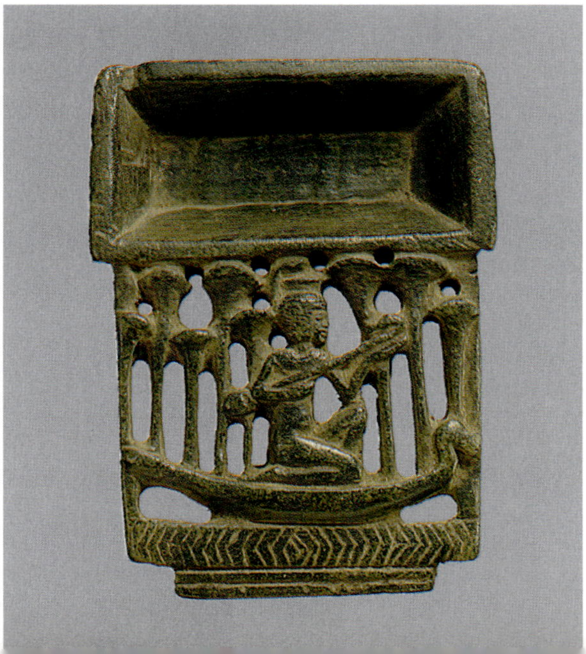

### 36. Miroir à poignée en forme de jeune fille

*Nouvel Empire, XVIIIe Dynastie, v. 1375 av. J.-C.*
*Bronze. Hauteur : 19 cm. ECM 1788*

Le miroir égyptien typique consistait en un disque solaire légèrement aplati, en métal autrefois poli, prolongé par une soie qui s'insérait dans une poignée fabriquée indépendamment dans un matériau similaire ou contrasté. Captant l'image du visage vivant, le miroir était imprégné de l'essence même de son propriétaire et par là

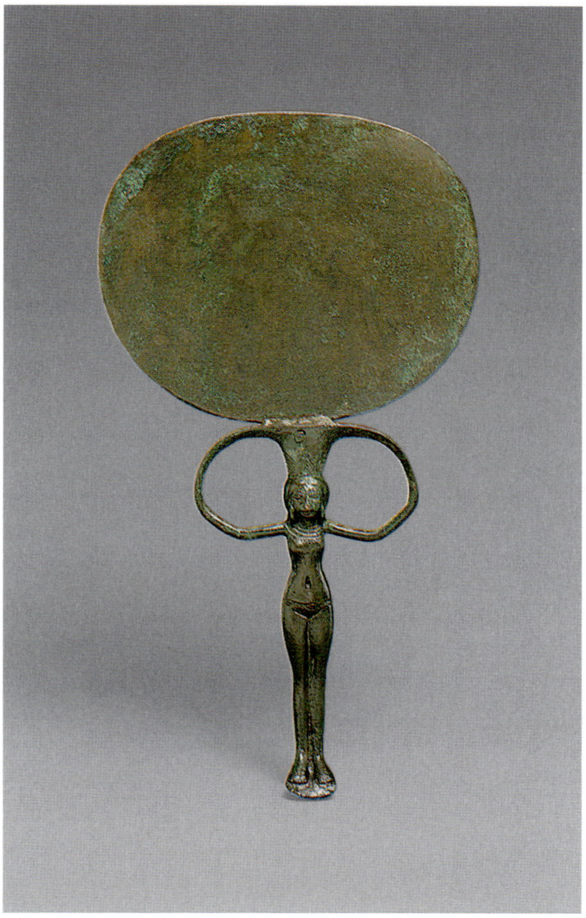

fut étroitement associé dans l'esprit des Égyptiens avec le concept de régénération. Cette relation était souvent soulignée par l'ajout d'une ombelle de papyrus dans le décor de la poignée (voir également cat. n° 70). Ici, l'ombelle forme un arc dont les extrémités sont tenues avec élégance par la jeune danseuse aux boucles d'oreilles et à la ceinture, dont le corps par ailleurs nu forme la poignée du miroir. Ce sujet renforce l'imagerie emprunte de vitalité de notre objet, déjà suggérée par son contour qui imite le hiéroglyphe signifiant la « vie ».
Des poignées de miroir de ce type, coulées dans un alliage de cuivre, ont été découvertes sur les sites de nombreux cimetières d'Égypte et de Nubie remontant à la période d'Hatchepsout à Aménophis III. Leur caractère extrêmement personnel apparaît dans le fait qu'on les trouve souvent enveloppées entre les bandelettes du défunt.

**37. Vase à étrier**

*Nouvel Empire, XVIIIe Dynastie ou ultérieure, après 1350 av. J.-C.*
*Provenance supposée : Tounah el-Gebel*
*Faïence. Hauteur : 6 cm. ECM 1632*

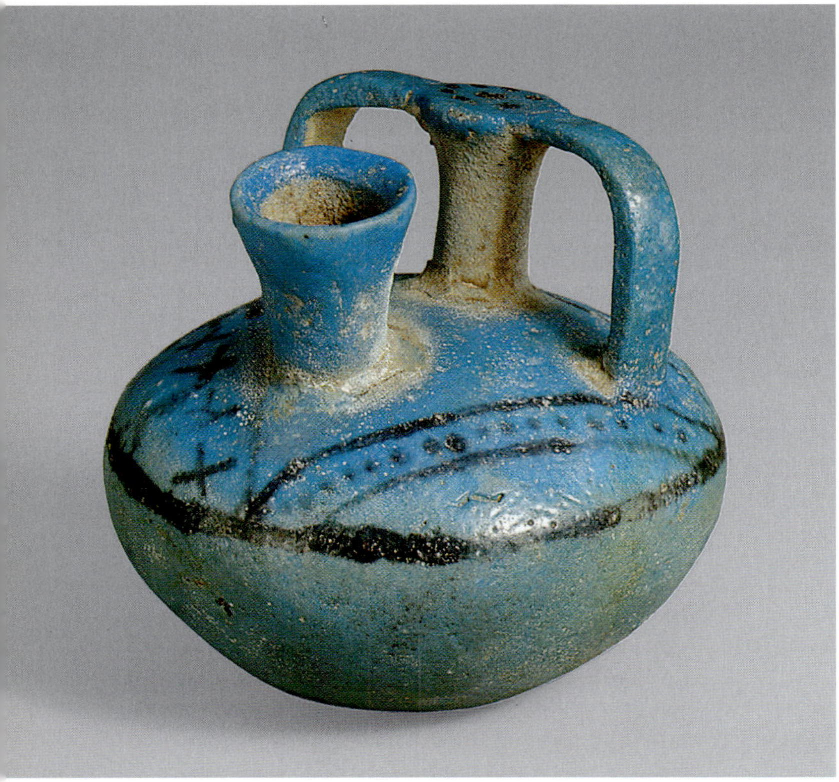

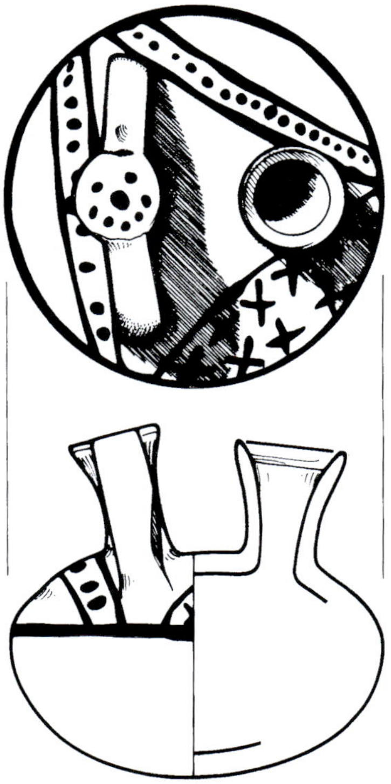


*Croquis : (a) surface supérieure ; (b) surface externe et coupe longitudinale*

**38. Rhyton**

*Nouvel Empire, XVIIIe Dynastie, v. 1400 av. J.-C.*
*Faïence. Hauteur : 19,5 cm. ECM 1633*

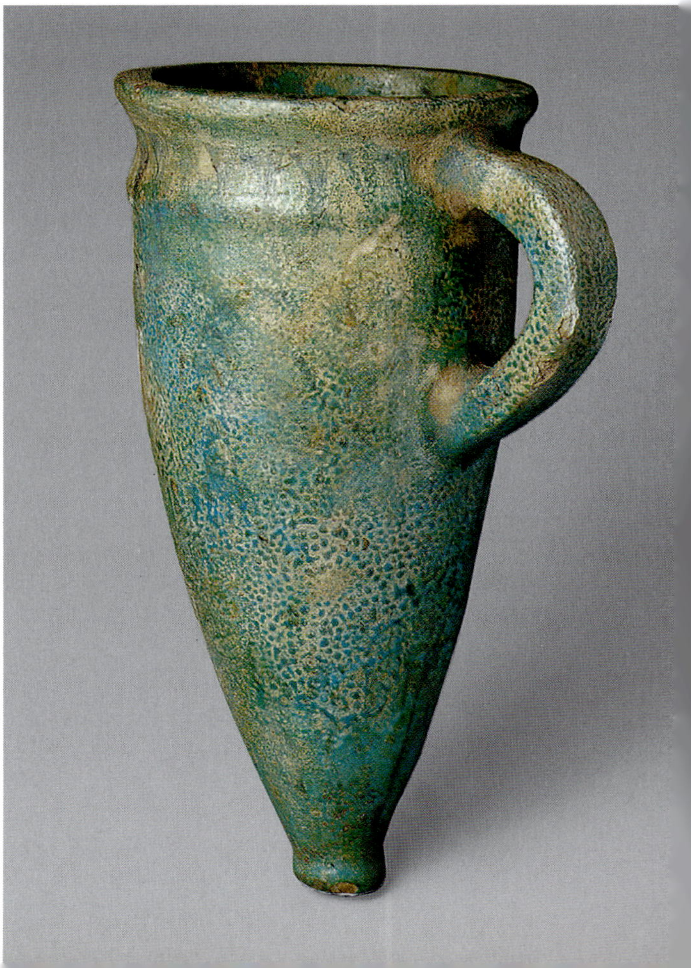

Sans doute depuis les temps les plus anciens (voir cat. nos 2 et 3), les artisans égyptiens avaient l'habitude de reproduire avec divers matériaux locaux les formes des contenants qu'ils s'étaient procurés au-delà de la vallée du Nil. Ainsi, le vase à étrier est un type de poterie mycénienne (voir cat. nos 24 et 25) qui fut importé massivement à la fin de la XVIIIe Dynastie. À Amarna, la nouvelle cité du pharaon « hérétique » Akhénaton, des fragments de ces contenants ont été trouvés par centaines, attestant de l'importance des relations entre la cour royale et le monde égéen. Ces vases contenaient probablement une sorte d'huile précieuse parfumée. Toutefois, comme les imitations en faïence le révèlent, les Égyptiens étaient autant fascinés par la forme particulière de ces pots que par leur contenu. Au moins un exemplaire en faïence de ce type (Ashmolean Museum, Oxford, 1922.77) est connu comme provenant de Tounah el-Gebel, un site qui semble avoir fourni plusieurs pièces glaçurées de la collection Myers.
Une autre forme étrangère qui a été reprise en faïence par les Égyptiens est celle du rhyton en forme d'entonnoir, destiné à une utilisation rituelle. En effet, l'orifice situé à

sa base suggère que ce contenant aurait servi d'entonnoir ou d'aspersoir. Des fresques ornant des chapelles funéraires thébaines du milieu de la XVIIIe Dynastie montrent des Minoens qui apportent à la cour d'Égypte des vases similaires, quoique plus minces, sans doute réalisés dans un métal précieux. Un parallèle proche du rhyton d'Eton College, arborant le même décor de triangles noirs sous le rebord, provient d'une tombe d'Abydos (D11) de la XVIIIe Dynastie (Museum of Fine Arts, Boston, 00.702).

### 39. Étui à khôl aux noms d'Aménophis III et de la reine Tiyi

*Nouvel Empire, XVIIIe Dynastie, règne d'Aménophis III, 1390-1352 av. J.-C.*
*Faïence. Hauteur : 12,5 cm. ECM 1640*

Les hommes et les femmes de la XVIIIe Dynastie conservaient généralement leur khôl noir à base de plomb dans un petit cylindre modelé d'après un morceau de roseau. Une fine tige dépassant légèrement à une extrémité servait à appliquer le pigment, qui était considéré à la fois comme une protection contre l'éclat du soleil et comme un produit esthétique. Durant les règnes d'Aménophis III et de ses successeurs, ces étuis à khôl furent fréquemment imités en faïence colorée, avec les noms du roi et d'une reine ou d'une princesse inscrits au bas du cylindre en hiéroglyphes de teinte contrastée. En insérant dans le texte le nom d'une compagne royale, on soulignait la complémentarité des thèmes de la cosmétique et de la sensualité. Ceux-ci étaient l'apanage de la déesse Hathor, la contrepartie féminine mythique du dieu créateur Rê, tout comme à la cour les femmes royales étaient le complément du souverain.
Notre étui à khôl présente la nervure du roseau original près de sa base, ainsi qu'une colonne de hiéroglyphes remplis de blanc, élégamment disposés à l'intérieur d'un rectangle que surmonte le hiéroglyphe du « ciel ».
L'inscription signifie : « Le dieu parfait, éblouissant par ses apparitions, Nebmaâtrê (Aménophis III), et la femme du roi, Tiyi, [éternellement] vivante. »
On trouve une variante de l'expression « éblouissant par ses apparitions » dans le nom des « Deux Maîtresses » de ce même souverain [« celui qui établit les lois et apaise les Deux Terres, NdT], qui plaçait le pharaon sous la protection des déesses des deux extrémités du pays – la déesse-cobra Ouadjet de Bouto, au nord du delta occidental, et la déesse-vautour Nekhbet d'El-Kab, au sud de la Haute-Égypte. Par sa qualité littéraire, cette expression a bien évidemment suscité une résonance à la cour royale de la fin de la XVIIIe Dynastie. Ainsi la retrouve-t-on trois décennies plus tard en tant que nom d'Horus du successeur de Toutânkhamon, Aÿ.
En égyptien, le mot « apparition » désignait initialement le lever du soleil et, par analogie, chaque occasion où le roi se manifestait en tant que fils et défenseur du dieu du soleil sur la terre, tandis que le mot « éblouissant » sous sa forme féminine signifiait la faïence (voir cat. n[os] 13 et 14). Tels qu'ils sont associés ici, ces deux termes évoquent habilement la matière tant du contenant que du contenu. En effet, ce dernier était employé lors des cérémonies par le roi, la reine et les courtisans.

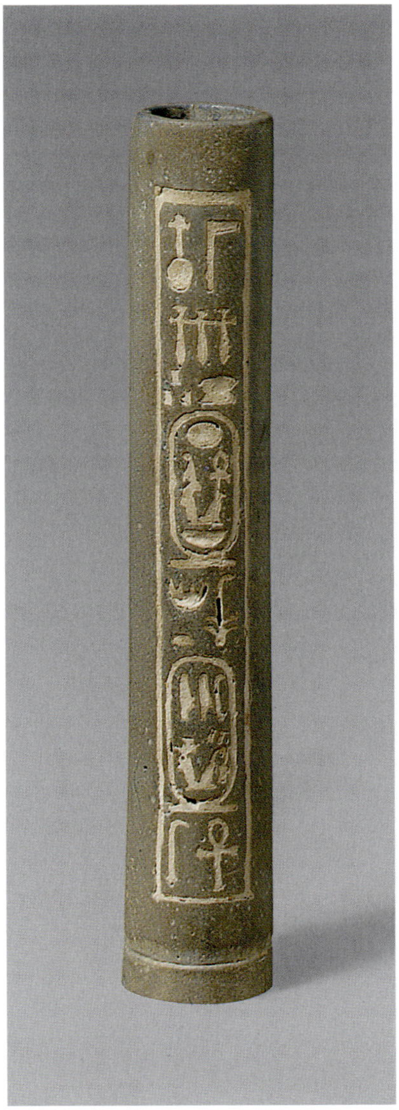

**40. Scarabée de mariage**
*Nouvel Empire, XVIIIe Dynastie, règne d'Aménophis III, 1390-1352 av. J.-C.*
*Provenance : Thèbes*
*Stéatite à glaçure bleue. Longueur : 6,5 cm. ECM 1480*

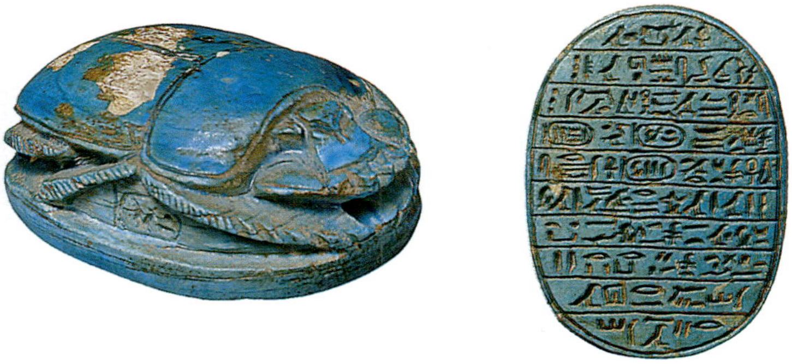

**41. Scarabée célébrant les chasses au lion d'Aménophis III**
*Nouvel Empire, XVIIIe Dynastie, règne d'Aménophis III, 1390-1352 av. J.-C.*
*Stéatite à glaçure verte. Longueur : 8,5 cm. ECM 1641*

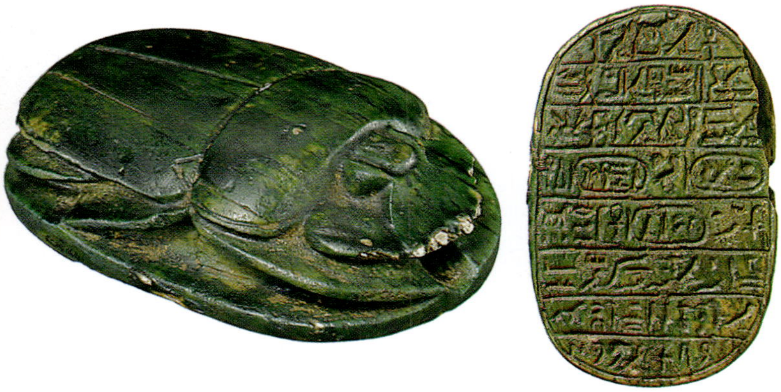

Sous Aménophis III, une série de grands scarabées « historiques » a vu le jour – fabriqués soit en une occasion unique par plusieurs ateliers, soit sur une période de plusieurs années – commémorant les principaux événements survenus au cours des dix premières années du long règne de ce pharaon. W. J. Myers possédait des exemplaires de deux types parmi les cinq répertoriés, qui figurent parmi les plus beaux scarabées parvenus jusqu'à nous.
Le premier est un scarabée dit de mariage en stéatite à glaçure bleu pâle, réalisé avant l'an II du règne d'Aménophis III et faisant connaître l'identité de Tiyi, sa nouvelle reine. De manière inattendue, la pièce mentionne également les noms des parents de l'épouse, les influents roturiers Youya et Touya, avant de définir les frontières de l'empire pharaonique, « au sud à Karoy, au nord au Naharina (les deux rivières) ».
Le second exemplaire, un scarabée célébrant les chasses au lion du souverain, est d'aspect très différent. En stéatite à glaçure vert foncé, il cite le nombre impressionnant de lions qu'abattit Aménophis III au cours de ses dix premières années sur le trône (102 bêtes, voire 110) afin de montrer le pouvoir qu'exerçait le souverain sur les forces de la nature. De même, on peut voir un parallèle iconographique explicite entre la chasse et la victoire au combat sur l'ennemi sur le fameux cercueil peint du trésor de Toutânkhamon, qui représente le roi sur son char, dominant les deux types de forces hostiles.

**42. Tête syrienne (?)**
*Nouvel Empire, XVIIIe Dynastie ou ultérieure, apr. 1350 av. J.-C.*
*Provenance : Thèbes*
*Coquillage incrusté de pierre et de verre. Hauteur : 4 cm. ECM 820*

Les lettres d'Amarna, ensemble de tablettes en cunéiforme trouvées à Tell el-Amarna, contiennent de nombreuses références aux échanges diplomatiques et aux dons de cadeaux. Cependant, peu de témoignages physiques de ces pratiques sont ressortis des fouilles archéologiques. Le poignard à lame de fer de la tombe de Toutânkhamon, objet rare et parfaitement conservé forgé dans un matériau étranger, en est sans doute le plus célèbre exemple. Il ne peut que nous rappeler les présents envoyés à Aménophis III par Tushratta, roi du Mitanni.
C'est le cas également de notre petite tête sculptée dans la columelle, ou colonne centrale, d'un coquillage identifié comme étant un *Turbinella pyrum*, ou plus vraisemblablement, comme le suggère Roger Moorey, un *Lambis truncata sebae*. W. J. Myers a acquis cet objet près de Louxor en novembre 1887.
On trouve le *Lambis* dans la mer Rouge, tandis que le *Turbinella* n'existe pas au Proche-Orient. L'utilisation du second coquillage renforcerait l'impression, déjà suscitée par le recours aux incrustations de verre (et peut-être d'autres matières précieuses aujourd'hui disparues),

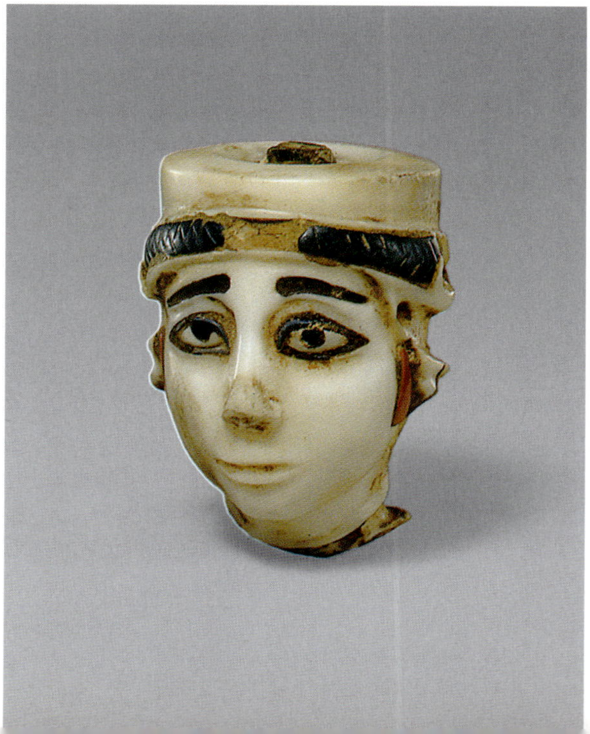

qu'il s'agit d'un objet de prestige. Le style de l'ouvrage est manifestement étranger, bien qu'il soit difficile d'en déterminer l'origine avec précision, car sa forme a clairement été influencée par la quantité limitée de matériau dont disposait le sculpteur. La Crète minoenne a été autrefois suggérée comme provenance possible par sir Arthur Evans, toujours enclin à étendre la zone d'influence de sa civilisation favorite. Toutefois, le Levant serait aujourd'hui plus plausible, la datation de l'objet se situant probablement au Nouvel Empire/âge de bronze récent, entre le xive et le xiiie siècle avant Jésus-Christ. On ignore à quel objet cette tête fut initialement associée. Peut-être servait-elle de bouchon à une corne emplie d'huile précieuse, qui figure à plusieurs reprises dans les scènes des tombes égyptiennes représentant le butin syrien.

**43. Pièce de jeu en forme de prisonnier ligoté**
*Nouvel Empire, XVIIIe Dynastie, v. 1350 av. J.-C.*
*Faïence. Hauteur : 2,5 cm. ECM 1929*

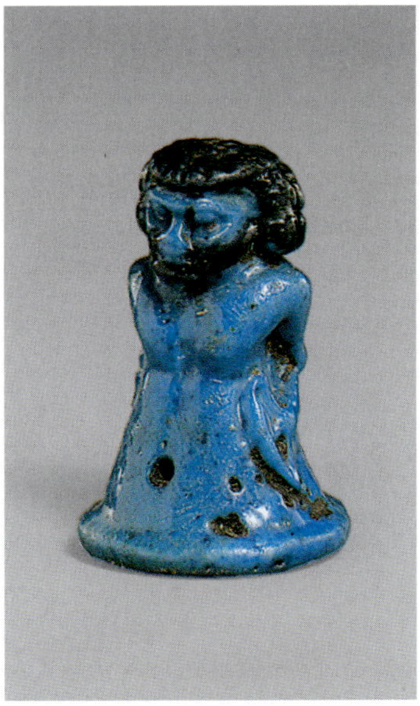

Comme c'est encore le cas dans l'Égypte moderne, les jeux de hasard figuraient au premier rang des loisirs de l'Antiquité, comme l'indiquent les quatre jeux de société découverts parmi les trésors de la tombe de Toutânkhamon. Durant le Nouvel Empire, les plateaux de jeu consistaient souvent en une grille de vingt ou trente carrés. Le jeu de senet à trente cases a rapidement symbolisé l'interaction de l'habileté et du destin pour garantir une bonne vie dans l'au-delà, anticipant avec près de trois millénaires l'image médiévale du jeu d'échecs avec la Mort.
Ayant souvent un parfum de campagne militaire, ces affrontements sans effusion de sang étaient assimilés au combat pour l'ordre divin contre les ennemis de la royauté. Ce qui explique pourquoi plusieurs pièces découvertes dans la tombe de Toutânkhamon sont moulées à l'effigie de Nubiens et d'Asiatiques ligotés – thème que l'on retrouve sur notre exemplaire. La base aplatie et la tête du pion ont ici savamment été transposées en la silhouette d'un ennemi – un prisonnier asiatique dont la chevelure et la barbe caractéristiques rehaussées en noir, qui tient un arc dans la main gauche et une flèche dans la droite.

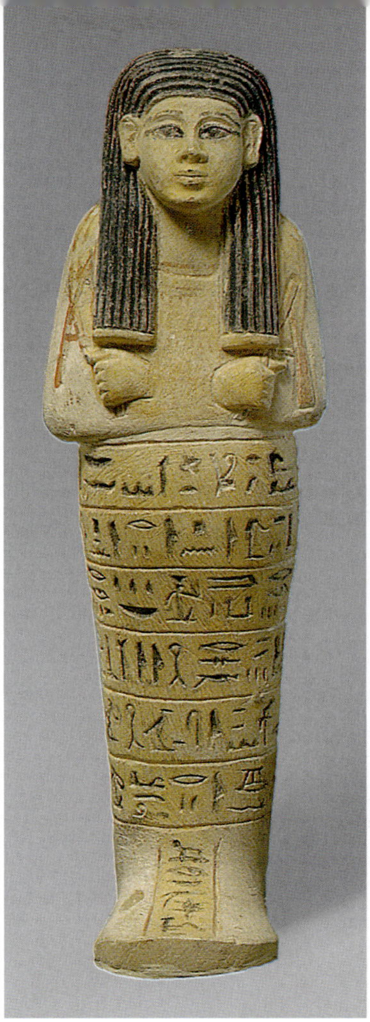

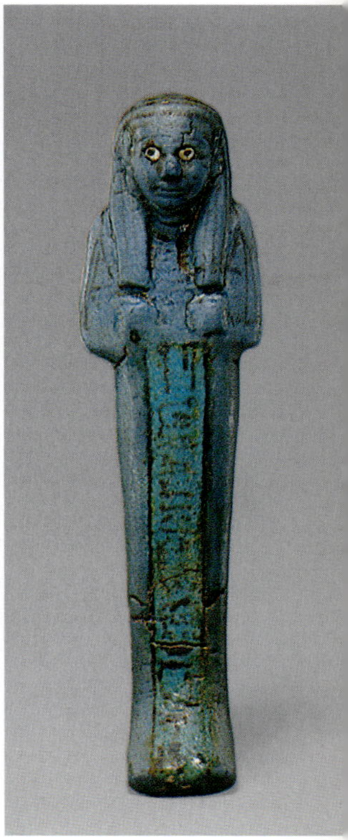

**44. Chaouabti du gouverneur des oasis Nebmehyt**
*Nouvel Empire, XVIIIe Dynastie, v. 1350 av. J.-C.*
*Provenance : Abydos*
*Calcaire. Hauteur : 24,5 cm. ECM 1657*

**45. Chaouabti du gouverneur des oasis Nebmehyt**
*Nouvel Empire, XVIIIe Dynastie, v. 1350 av. J.-C.*
*Provenance : Abydos*
*Faïence. Hauteur : 13,5 cm. ECM 375*

À partir de la fin du Moyen Empire jusqu'à la période ptolémaïque, les défunts étaient souvent enterrés avec une ou plusieurs figurines portant le nom inexpliqué de chaouabti. Leur nombre pouvait atteindre plusieurs centaines : un pour chaque jour de l'année, auxquels s'ajoutent un « contremaître » pour chaque dizaine de serviteurs ordinaires. La raison d'être de ces figurines est expliquée dans le texte hiéroglyphique qu'elles portent fréquemment. Ainsi peut-on lire sur notre exemplaire en calcaire : « Ô figure, si cet homme est désigné pour effectuer tous travaux qui se pratiquent dans l'empire des morts, [...] tu devras dire "Me voici !". » En effet, les tâches manuelles pénibles étaient omniprésentes dans l'Antiquité. Toutefois, l'élite instruite ne s'y soumettait jamais de plein gré et se faisait remplacer par des ouvriers. Le chaouabti participait donc d'une stratégie visant à échapper à la corvée après la mort. Prêt à obtempérer, l'ouvrier magique était habituellement représenté avec sa pioche, sa houe et son panier.

Non seulement ces figurines étaient déposées dans les tombes, mais elles pouvaient aussi être placées du vivant de leur propriétaire, seules ou en groupe, sur certains sites sacrés comme Abydos ou Gizeh, où leurs détenteurs espéraient bénéficier d'un contact plus proche avec la divinité du lieu. Nos deux chaouabtis semblent appartenir à cette catégorie de figurines. Tous deux étaient destinés à la même personne, Nebmehyt, qui portait le titre de « gouverneur des oasis ». Il s'agissait peut-être de l'oasis de Kharga, qu'une route reliait directement à Abydos à travers le désert. Sur ce dernier site ont été retrouvées plusieurs statuettes similaires appartenant au même personnage. Le nom Nebmehyt se traduit par « le seigneur du vent du nord » – une brise qui non seulement apportait un répit opportun sous la chaleur de l'été, mais facilitait aussi la navigation en contrant le courant sud-nord du Nil.

Les oasis situées à l'ouest de la vallée du Nil constituaient une riche région viticole, et offraient des points d'eau primordiaux le long des routes commerciales du Sahara vers le sud. En vertu de sa fonction, Nebmehyt figurait parmi les gouverneurs provinciaux les plus fortunés d'Égypte, ce qui se traduit par la qualité supérieure de ces figures votives. La structure du visage et la sculpture minutieuse de l'exemplaire en calcaire, de même que l'utilisation expérimentale des incrustations dans celui en faïence, suggèrent une datation de la fin de la XVIIIe Dynastie eu égard à leur facture.

**46. Chaouabti du scribe May**
*Nouvel Empire, XVIIIe Dynastie ou ultérieure,*
*apr. 1350 av. J.-C.*
*Faïence. Hauteur : 7,5 cm. ECM 378*

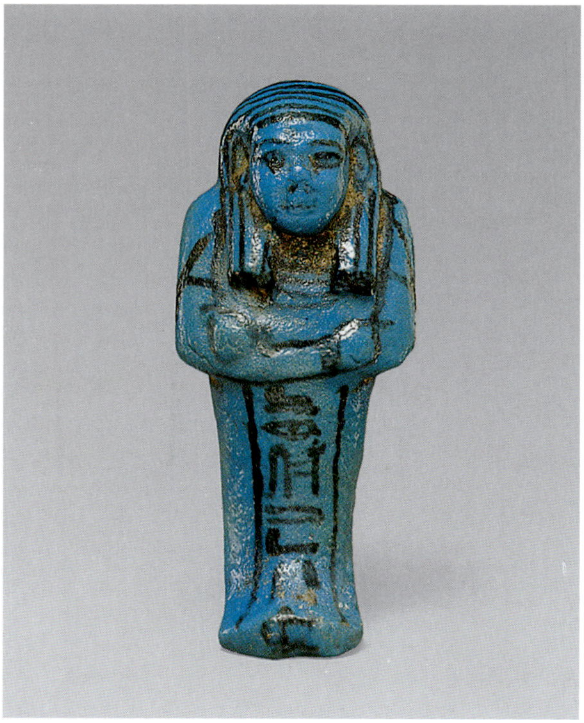

Le court texte hiéroglyphique inscrit à l'avant de ce petit chaouabti désigne May comme son détenteur. Comme cela se pratique souvent à partir du Moyen Empire, dans le souci de garantir la vie éternelle après la mort, le défunt est appelé « l'Osiris » en référence au dieu qui fut ramené à la vie par sa sœur Isis après avoir été assassiné par Seth, leur frère jaloux.

Contrairement au chaouabti polychrome expérimental de Nebmehyt (cat. nº 45), cette figurine moulée arbore un bleu éclatant qui est destiné non seulement à évoquer, mais à surpasser le plus beau des lapis-lazulis. Les faïenciers égyptiens sont parvenus à obtenir cet effet magnifique, notamment au cours du Nouvel Empire et de la Troisième période intermédiaire. Ici, un pigment violet foncé souligne certains détails comme les bracelets, lesquels symbolisaient autant le statut du propriétaire que le titre convoité de « scribe ».

**47. Panier à couvercle**
*Nouvel Empire, XVIIIe Dynastie ou ultérieure,*
*apr. 1450 av. J.-C.*
*Provenance supposée : Tounah el-Gebel*
*Faïence. Hauteur : 8,5 cm. ECM 494*

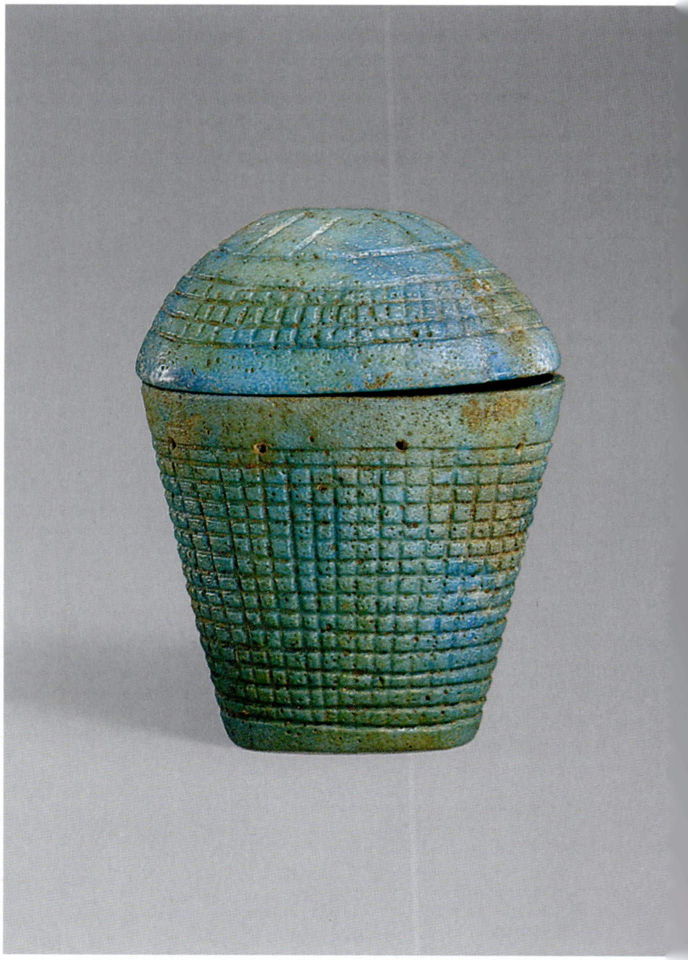

**48. Panier à couvercle**
*Nouvel Empire, XVIIIe Dynastie ou ultérieure, apr. 1450 av. J.-C.*
*Provenance supposée : Tounah el-Gebel*
*Faïence. Hauteur : 10 cm. ECM 845*

Artisanat traditionnel extrêmement ancien en Égypte, la vannerie a de manière typique été reproduite avec divers matériaux dès le début de la période dynastique. Ainsi nos petits paniers à couvercle semblent-ils appartenir à la magnifique production caractéristique des faïenciers de Tounah el-Gebel. Modelés suivant un gabarit, les détails de surface étant ajoutés avant la cuisson, ces paniers étaient manifestement destinés à recueillir des cosmétiques, peut-être dans un contexte funéraire. La valeur du contenu expliquerait la relative complexité de leur mode de fermeture, que nous pouvons deviner grâce aux percements pratiqués dans le couvercle et le long du bord du panier pour laisser passer un cordon. Une datation du Nouvel Empire (XVIIIe Dynastie) est généralement admise pour ce type d'objet, mais il n'est pas exclu que ces deux exemplaires soient légèrement postérieurs.

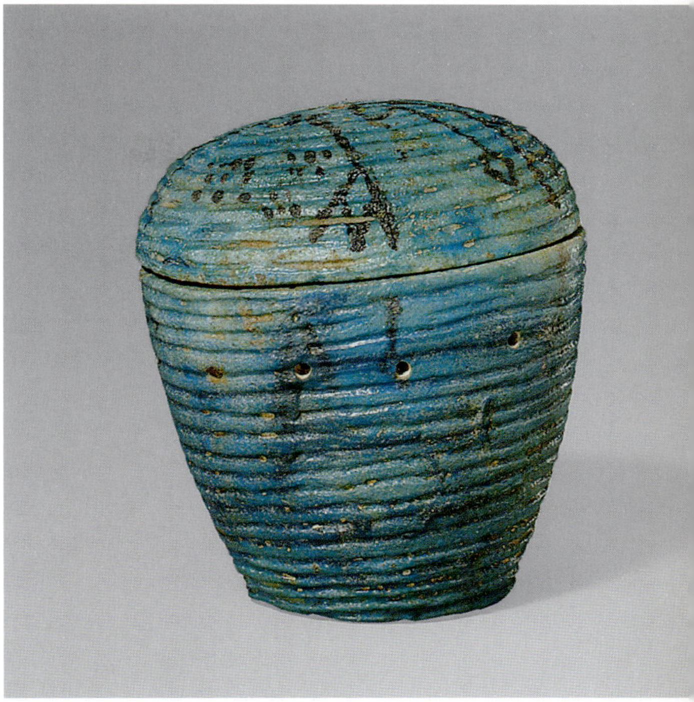

**49. Calice en forme de lotus bleu**
*Nouvel Empire, XVIIIe Dynastie, v. 1350 av. J.-C.*
*Faïence. Hauteur : 13 cm. ECM 1578*

**50. Calice en forme de lotus bleu**
*Troisième période intermédiaire, XXIIe Dynastie, v. 945 av. J.-C.*
*Provenance supposée : Tounah el-Gebel*
*Faïence. Hauteur : 13 cm. ECM 1676*

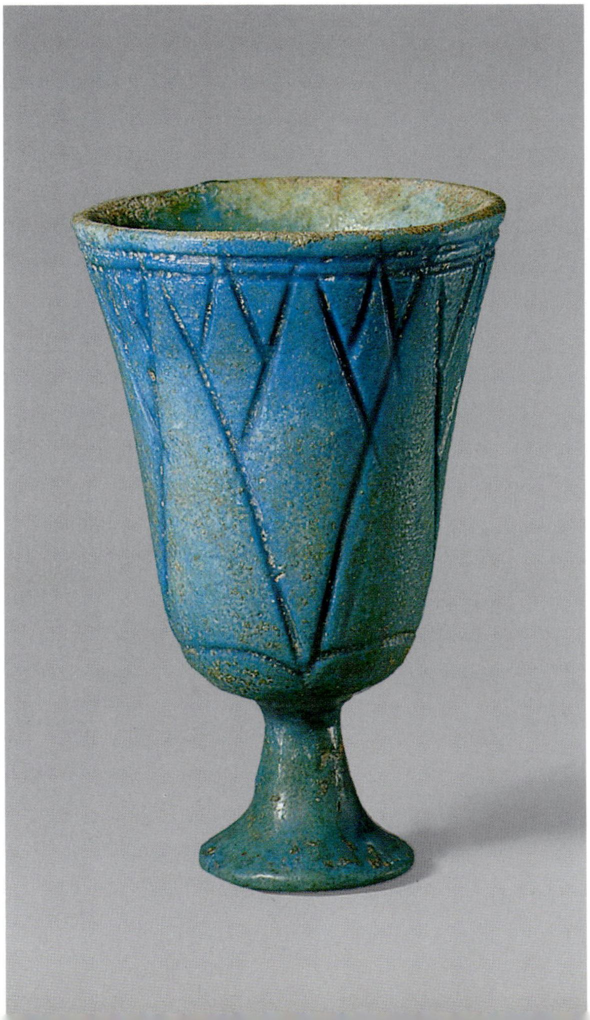

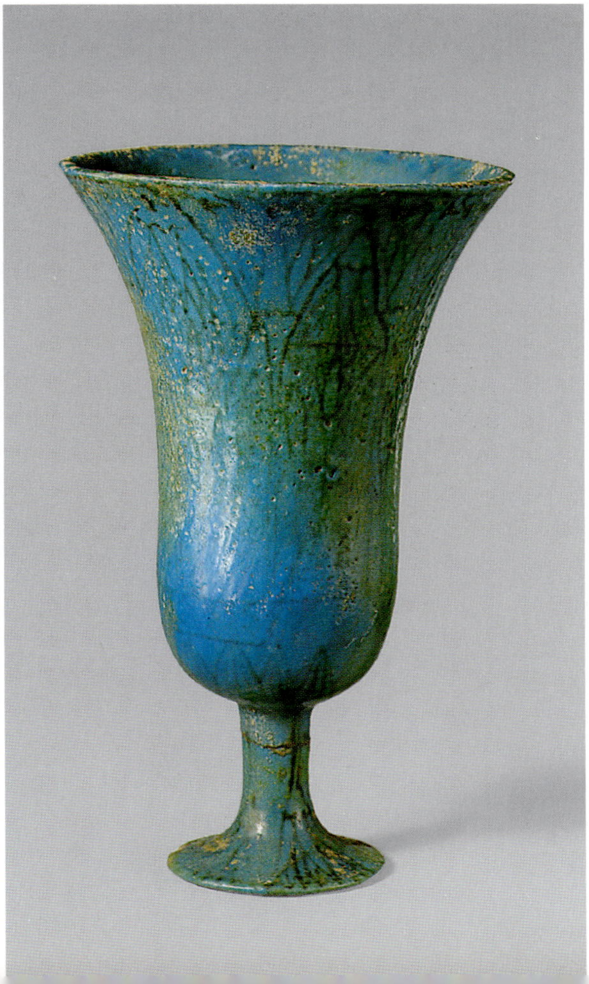

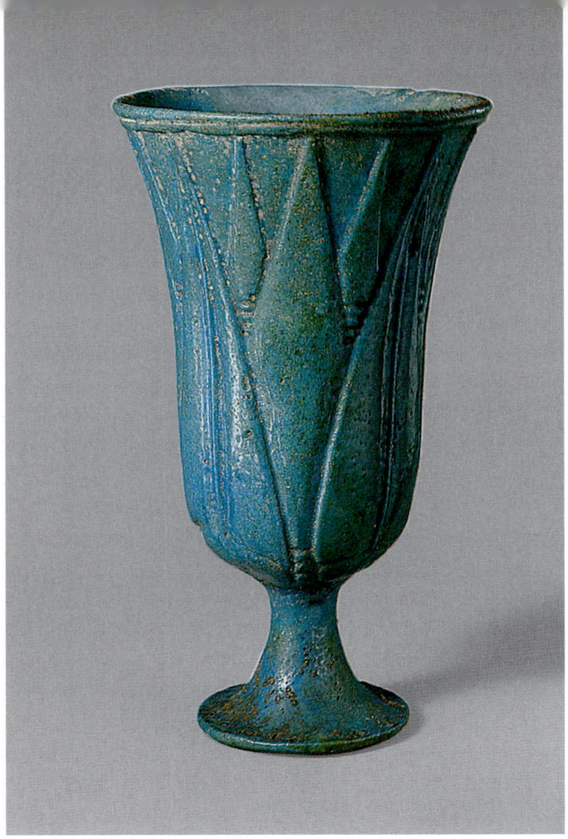

**51. Calice en forme de lotus bleu**
*Troisième période intermédiaire, XXII^e Dynastie, v. 945 av. J.-C.*
*Provenance supposée : Tounah el-Gebel*
*Faïence. Hauteur : 14 cm. ECM 1721*

**52. Fragment de calice à décor en relief au nom de Shéshonq I^er**
*Troisième période intermédiaire, XXII^e Dynastie, règne de Shéshonq I^er, 945-924 av. J.-C.*
*Provenance supposée : Tounah el-Gebel*
*Faïence. Hauteur : 3,5 cm. ECM 1608*

**53. Calice à décor narratif en relief**
*Troisième période intermédiaire, XXII^e Dynastie, v. 925 av. J.-C.*
*Provenance supposée : Tounah el-Gebel*
*Faïence. Hauteur : 16 cm. ECM 1582*

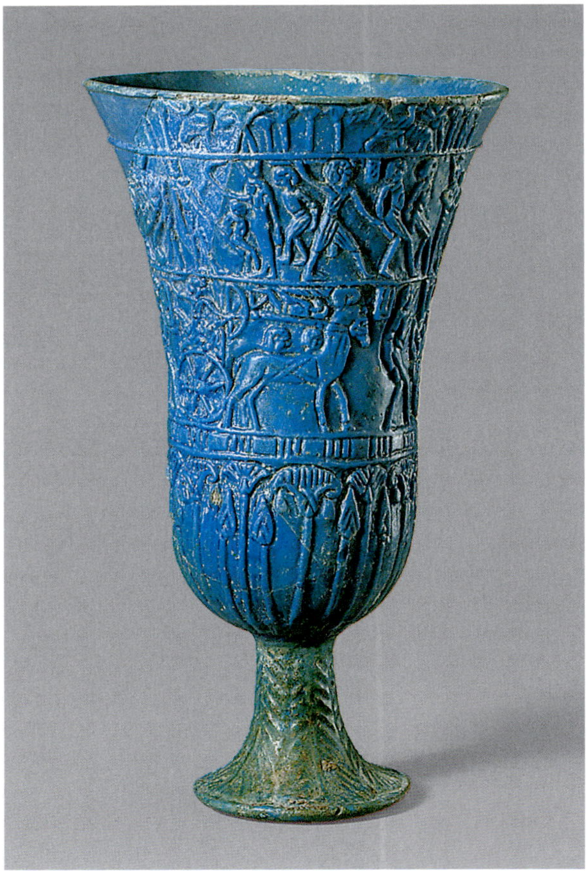

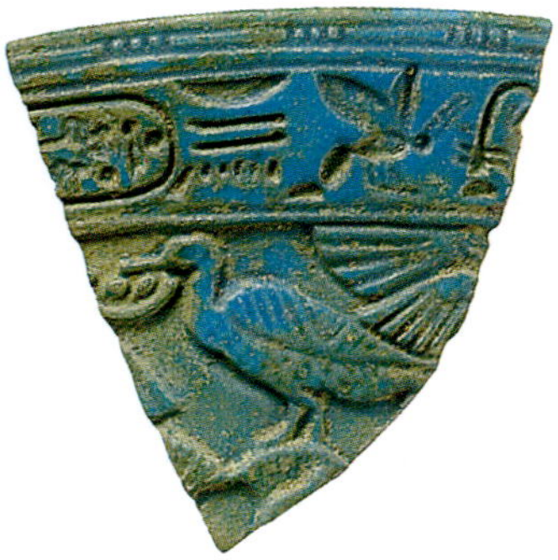

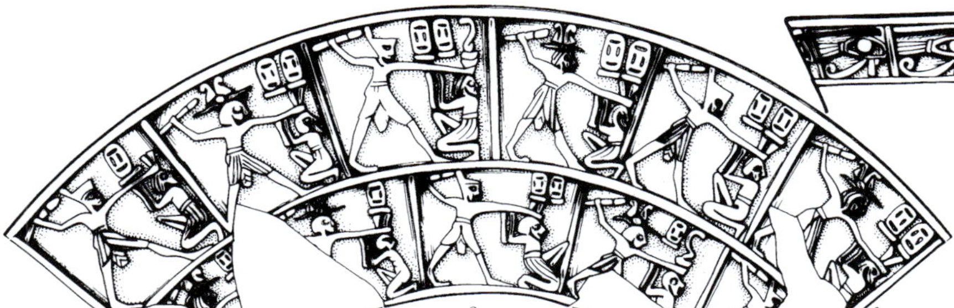

a

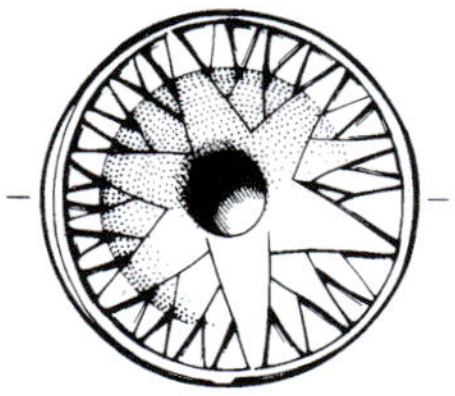

c

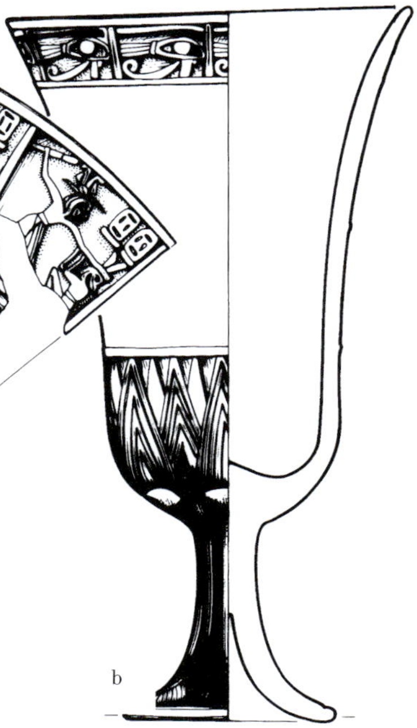

b

*Croquis :*
*(a) décor narratif ;*
*(b) surface externe et coupe longitudinale ;*
*(c) décor de la surface interne du pied (cat. n^o 54)*

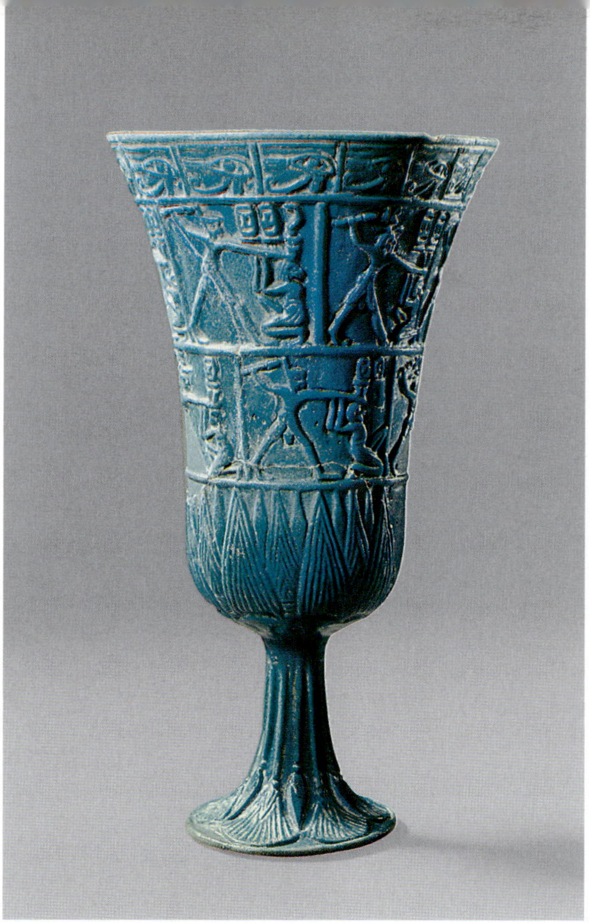

**56. Calice en forme de lotus blanc**
*Troisième période intermédiaire, XXII^e^ Dynastie, v. 945 av. J.-C.*
*Provenance supposée : Tounah el-Gebel*
*Faïence. Hauteur : 8 cm. ECM 1581*

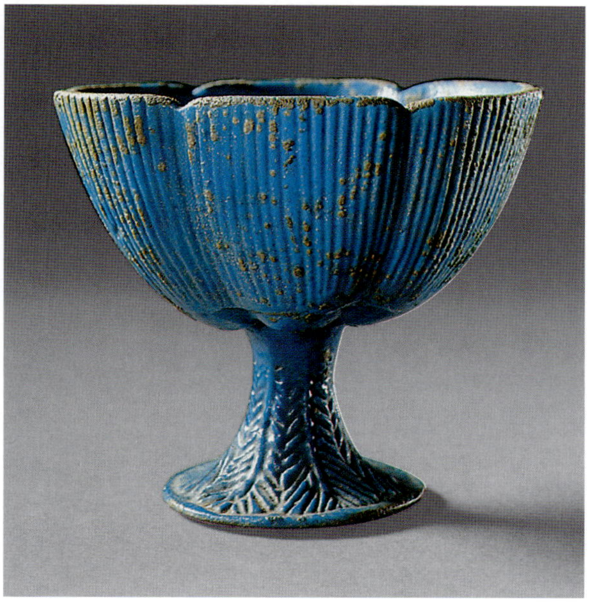

**54. Calice à décor narratif en relief**
*Troisième période intermédiaire, XXII^e^ Dynastie, v. 925 av. J.-C.*
*Provenance supposée : Tounah el-Gebel*

**55. Calice en forme de lotus blanc**
*Nouvel Empire, XVIII^e^ Dynastie, v. 1425 av. J.-C.*
*Faïence. Hauteur : 10,5 cm. ECM 1579*

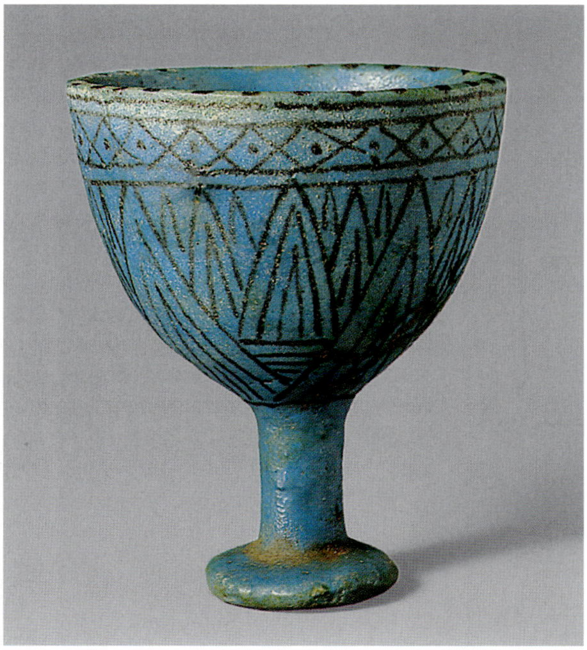

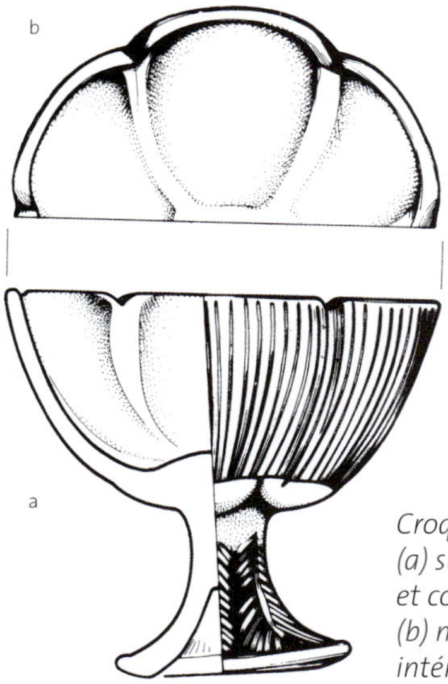


*Croquis :*
*(a) surface externe et coupe longitudinale ;*
*(b) moitié de la surface intérieure (cat. n° 56)*

Les calices à pied dotés d'une coupe en forme de fleur de lotus sont apparus durant la XVIII^e^ Dynastie dans toutes sortes de matériaux tels que le métal, la pierre, la faïence et le verre. On peut distinguer deux types de base : les calices moulés en forme de lotus bleu (*Nymphaea caerulea*) et ceux qui imitent le lotus blanc (*Nymphaea lotus*). En dépit de certaines hypothèses contraires, ils sont tous deux originaires d'Égypte. Le calice en forme de lotus bleu semble avoir eu essentiellement une destination liturgique ou votive, utilisé entre autres dans les temples ou lors des offrandes rituelles aux morts.

Il a néanmoins été suggéré, quoique sur des bases assez incertaines, que ce type de calice ait pu de temps à autre servir de coupe à boire ordinaire. On le trouve aussi bien sous des formes simples qu'élaborées. Le décor de pétales et de feuilles peut être gravé (cat. n° 49), peint en noir (cat. n° 50) ou encore modelé en relief (cat. n° 51) sur la surface externe de la coupe. Bien que les exemplaires mis au jour soient peu nombreux, une évolution stylistique sommaire peut être dégagée. À compter de la XVIIIe Dynastie, les premiers calices en lotus bleu sont relativement massifs avec des parois épaisses, une large ouverture et un pied court. Les plus tardifs, datant de la Troisième période intermédiaire, arborent un profil bien plus délicat. Leurs coupes sveltes ont une apparence très similaire à l'ombelle de papyrus conventionnelle, dont la forme a pu être confondue au fil du temps avec celle du lotus bleu. De manière exceptionnelle au cours de la XXIIe Dynastie (cat. n° 52), le décor de la surface externe de la coupe prend la forme d'une série de registres plus complexes (cat. nos 53 et 54) avec des scènes en relief illustrant les thèmes du pouvoir royal et de la renaissance (voir aussi cat. nos 71 et 72). Les calices prenant la forme du lotus blanc sont quant à eux moins répandus. À l'instar du type à lotus bleu, le décor extérieur pouvait être peint (cat. n° 55) ou modelé en relief (cat. n° 56). Les premiers exemplaires arborant ce dernier style de décor, qui proviennent des tombes d'Aniba en Basse-Nubie datant de la XVIIIe Dynastie, sont massifs et vivement colorés en blanc, vert et noir. Toutefois, il existe au moins un exemplaire en faïence verte unie. Durant cette Dynastie, les coupes à décor en relief deviennent plus délicates, hémisphériques et polylobées, se rapprochant davantage de la fleur naturelle pour parvenir ensuite à une forme plus haute et un peu plus évasée.

Comme le montre un fragment d'extrémité de collier en faïence d'Eton College (voir cat. n° 57), le calice à lotus blanc servait essentiellement pour boire. Néanmoins, comme pour le type à lotus bleu, il était surtout utilisé comme coupe à boire dans un contexte liturgique, et associé notamment à l'offrande de lait et de vin à la déesse-vache Hathor. La mise au jour par Flinders Petrie, en 1889-1890, d'un calice à lotus blanc dans une fosse sous une maison de Gourob, est l'unique et douteux témoignage que nous ayons d'un usage purement domestique de ces coupes.

**57. Extrémité de collier large de Toutânkhamon**

*Nouvel Empire, XVIIIe Dynastie, règne de Toutânkhamon, v. 1336-1327 av. J.-C.*
*Faïence. Hauteur : 4 cm. ECM 1887*

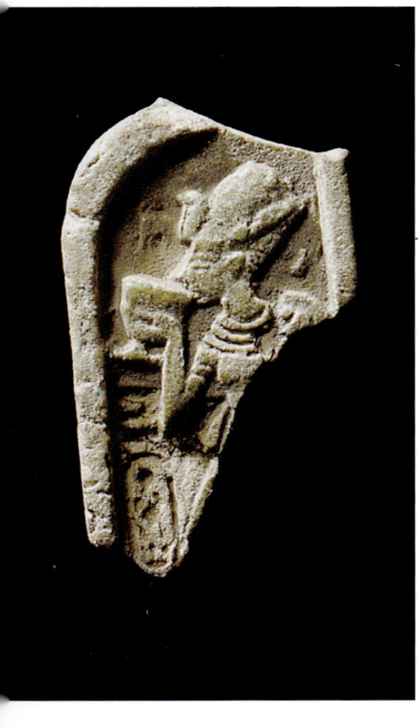

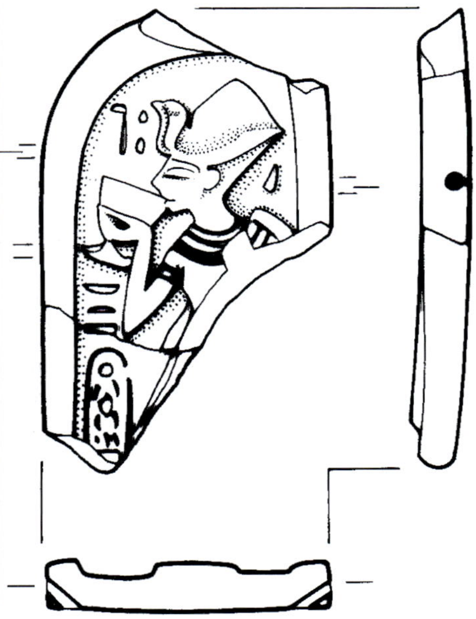

*Croquis du décor de surface et vues de profil montrant l'emplacement des trous*

Ce fragment d'extrémité de collier large est l'une des pièces les plus connues de la collection d'Eton College. Elle représente le jeune roi Toutânkhamon coiffé de la couronne bleue, buvant dans un calice en forme de lotus blanc (voir cat. nos 55 et 56). On trouve des extrémités de colliers égyptiens de formes diverses, le plus souvent semi-circulaires ou à tête de faucon. Notre exemplaire est asymétrique : arrondi au sommet et initialement aplati en bas, il possède une forme caractéristique de la fin de la XVIIIe Dynastie. Le matériau employé est une faïence vert pâle qui a perdu la plus grande partie de sa glaçure d'origine. Chose intéressante, cette pièce associe plusieurs techniques de manière assez inhabituelle : le roi est sculpté en relief tandis que la colonne de hiéroglyphes est gravée, identifiant le pharaon par les termes : « Le dieu parfait, seigneur des Deux Terres, Nebkheperourê... »

La provenance de cette pièce est inconnue.

On peut toutefois légitimement supposer que l'ensemble du collier et d'autres exemplaires similaires ont été fabriqués dans les ateliers royaux en guise de présents destinés aux loyaux sujets à l'occasion de quelque cérémonie festive, probablement le couronnement lui-même.

**58. Scaraboïde en forme de hérisson**
*Nouvel Empire, XVIII^e Dynastie, v. 1350 av. J.-C.*
*Faïence vert et bleu. Longueur : 1,5 cm. ECM 1727*

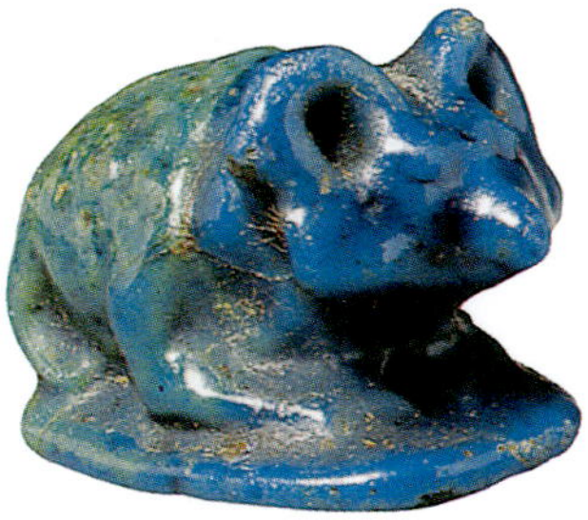

Ce joli scaraboïde en faïence bicolore prend la forme d'un hérisson aux oreilles percées. Sa couleur de base est le bleu, et une glaçure verte a été appliquée sur la partie postérieure de l'animal pour délimiter la zone des piquants. Le dessous est gravé d'une élégante spirale en S dont les extrémités se terminent en boutons de lotus. Une perforation longitudinale a probablement été ménagée au stade du moulage en façonnant la faïence autour d'un fil métallique afin de pouvoir suspendre la pièce. Il ne subsiste aucune inscription ancienne qui puisse nous apprendre la signification du hérisson dans les croyances et l'art égyptiens (hormis certains textes « médicaux » qui mentionnent l'efficacité de l'huile de hérisson pour remédier à la calvitie). Toutefois, sa résistance au poison pourrait sans doute justifier que cet animal ait servi de sujet pour des amulettes.

**59. Babouin de Thot**
*Nouvel Empire, XVIII^e Dynastie, v. 1350 av. J.-C.*
*Bleu égyptien. Hauteur : 4,5 cm. ECM 722*

Le dieu Thot était le patron des scribes. Il est représenté sous sa forme de babouin sur des nécessaires à écriture (comme celui découvert par Howard Carter et lord Carnarvon dans une tombe thébaine de la fin du Moyen Empire) ou sur des socles de statues représentant un scribe assis en tailleur. Sans doute le scribe devait-il quotidiennement faire des offrandes à cette image. Cet exemplaire finement gravé a été fabriqué à partir d'un composé poudreux artificiel généralement connu sous le nom de « bleu égyptien ». Ce même matériau, une fois broyé, servait également de pigment. Sa structure caractéristique et sa couleur originale sont parfaitement visibles au niveau de la cassure qui se trouve au sommet de la tête et servait initialement de support à un disque avec son croissant lunaire – un attribut fréquent du dieu Thot.

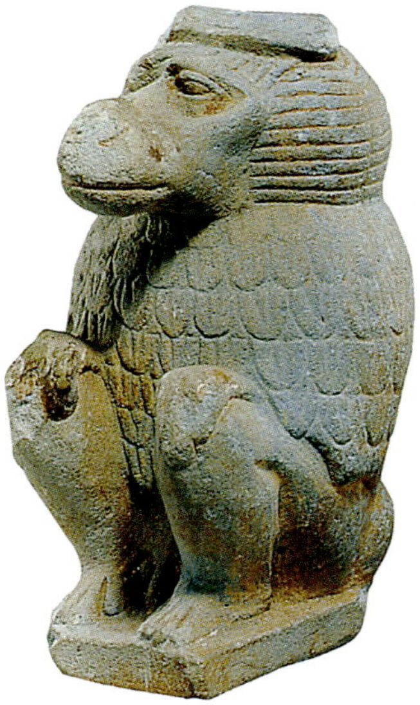

**60. Sceau-matrice de nécropole**
*Nouvel Empire, XVIII^e Dynastie ou ultérieure, apr. 1350 av. J.-C.*
*Faïence. Longueur : 7 cm. ECM 1481*

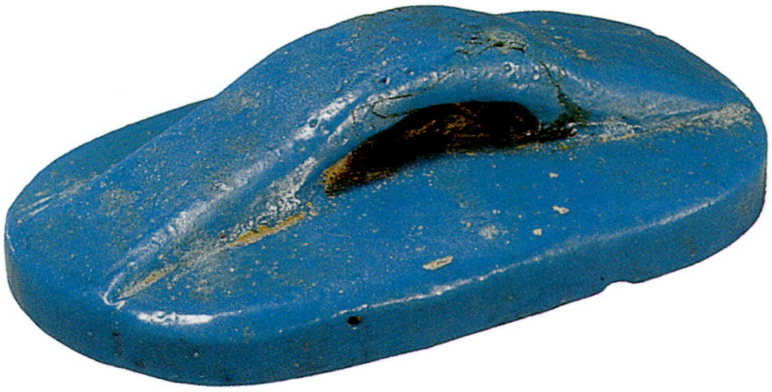

Le motif du chacal couché au-dessus de neuf prisonniers ligotés répartis sur trois lignes est généralement reconnu comme celui du sceau officiel de la nécropole de Thèbes au cours du Nouvel Empire. Il est notamment célèbre pour figurer dans la tombe de Toutânkhamon (KV 62), dans la vallée des Rois. De fait, son utilisation était bien plus répandue. On le trouve dans les tombeaux d'Ipouy à Dahchour, et ceux d'Horemheb et Aperel à Saqqarah – où il apparaît encore sous la XXVI^e Dynastie dans la sépulture de Tjanhebu.

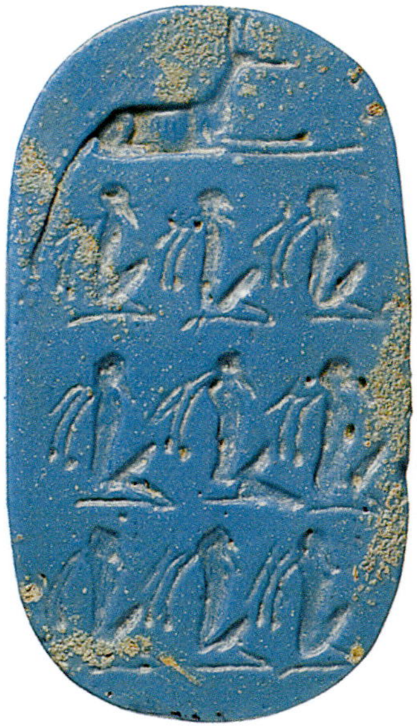

On ignore la provenance du sceau-matrice d'Eton College avec sa poignée simple. En outre, sa datation de la XVIII^e Dynastie n'est qu'une supposition. En effet, la couleur et la texture de la faïence rappellent à bien des égards les calices de la Troisième période intermédiaire. Si bien qu'une datation postérieure est tout à fait envisageable pour notre pièce, de même que pour d'autres objets Nouvel Empire de la collection de W. J. Myers.

**61. Visage d'incrustation**
*Nouvel Empire, XIXe Dynastie, règne de Séthi Ier, v. 1294-1279 av. J.-C.*
*Jaspe rouge. Hauteur : 3,5 cm. ECM 1655*

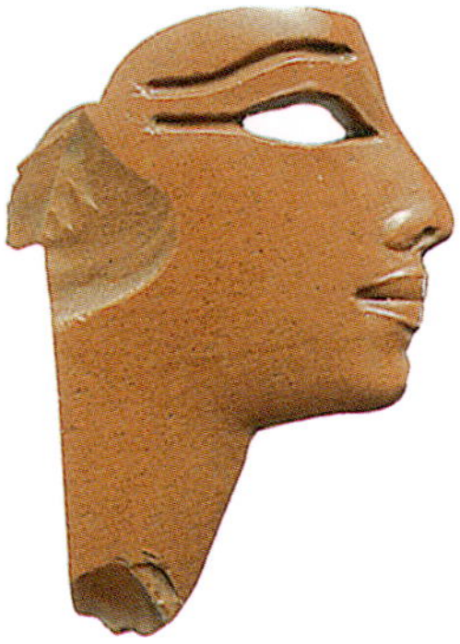

Les supports en bois et en gypse dans lesquels étaient initialement incrustés la plupart des visages égyptiens antiques ont disparu, ce qui nous permet aujourd'hui d'en admirer chaque élément de manière isolée. Ce splendide visage taillé dans le jaspe rouge reprend le profil caractéristique du roi Séthi Ier, que tous les égyptologues connaissent grâce aux nombreuses représentations planes (à Abydos notamment) et sculptures en trois dimensions qui remontent à son règne. Quant au corps du pharaon, qui a été retrouvé dans la cachette de Deir el-Bahari (voir cat. n° 64), il est aujourd'hui conservé au Musée égyptien du Caire. Cependant, la physionomie du roi ayant bien sûr été attribuée aux images des dieux, il se peut que ce visage constitue la représentation d'une divinité plutôt que du souverain lui-même. Sa surface a été polie au point de briller comme un miroir. L'œil et le sourcil étaient jadis incrustés d'une autre matière précieuse.

**62. Scarabée au nom de Ramsès II**
*Nouvel Empire, XIXe Dynastie, règne de Ramsès II, v. 1279-1213 av. J.-C.*
*Faïence. Longueur : 7 cm. ECM 1656*

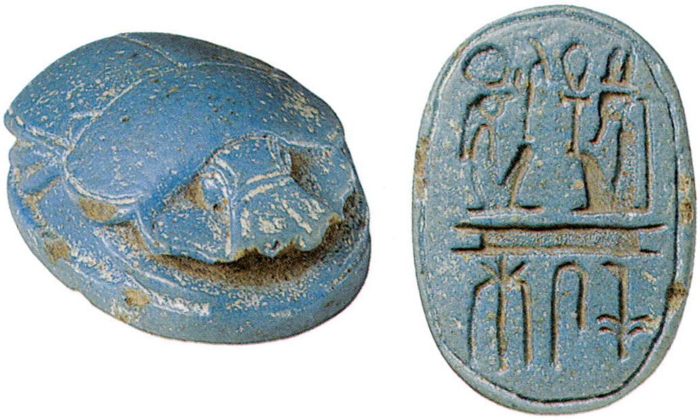

Les grandes amulettes funéraires en forme de scarabée sur lesquelles figure autre chose que la formule 30B du Livre des Morts – appelée Chapitre du cœur – ou un texte apparenté (voir cat. n° 65) sont assez peu courantes et leur fonction incertaine. Elles se limitent généralement à un petit nombre de séries « historiques » fabriquées au cours de certains règnes comme celui d'Aménophis III (voir cat. nos 40 et 41). Le plat de cet exemplaire surdimensionné, habilement modelé dans une faïence bleu pâle, porte l'un des nomen utilisés par Ramsès II : « Ramsès aimé d'Amon ».

**63. Scarabée ailé, Nout ailée et les Quatre fils d'Horus**
*Nouvel Empire, XIXe Dynastie ou ultérieure, après 1295 av. J.-C.*
*Provenance : Tounah el-Gebel*
*Faïence polychrome. Largeur : 33 cm (scarabée), 26,5 cm (Nout). Hauteur : 14-15,5 cm (Quatre fils d'Horus). ECM 817a-c (scarabée) ; 1478a-c (Nout) ; 1593, 1594, 1595, 1596 (Quatre fils d'Horus)*

« Vendredi 18 avril [1896] [...] Suis parti à 10 h pour l'hôtel Continental où j'ai rencontré [Carl] Reinhardt et M. [Max] Robinow, un fabricant de coton de Manchester qui séjourne ici pour raison de santé. Il a commencé à collectionner des objets égyptiens et possède une belle Isis [scil. Nout] ailée en bleu [?] que j'avais refusée l'année dernière et Reinhardt la lui a vendue. J'aimerais beaucoup me la procurer car elle appartient à la même momie que mon scarabée ailé. Il s'est montré tout à fait poli et aimable. Lorsqu'il rentrera chez lui je pense qu'il me la cédera, ce dont je serai très reconnaissant. C'est une chance qu'elle soit tombée en de si bonnes mains. »
Cet extrait provient du vingt-neuvième volume du journal de William Myers. Le moment venu, ce dernier a effectivement pu acquérir la pièce de Robinow. En achetant également les amulettes des Quatre fils d'Horus, il a ainsi réuni les ornements qui semblent initialement avoir appartenu à cette momie. Au moins deux ensembles d'amulettes identiques provenant du même atelier ont été conservés : l'un à Berlin (inv. nos 12629-12634) et le second au British Museum (Londres, EA 26228-26230). Comme la Nout ailée de Myers, les amulettes de Berlin ont à l'origine appartenu à l'égyptologue allemand Carl Reinhardt, qui effectuait alors des acquisitions pour la collection nationale de son pays et pour l'université de Heidelberg. Selon les registres du musée de Berlin, ces pièces proviennent de Tounah el-Gebel.
L'ensemble de ces divinités devait garantir une formidable protection au défunt : le scarabée solaire ; la déesse du ciel Nout (avec ses cornes de vache enserrant le disque solaire qui sont associées à Hathor) étendant ses ailes sur le mort, comme dans le texte du premier cercueil d'Amenhotep (voir cat. n° 19) ; et les Quatre fils d'Horus associés aux viscères, lesquels étaient embaumés séparément lors de la momification.
La datation de ces exceptionnels ensembles d'amulettes funéraires reste incertaine, bien que les couleurs et les techniques nous orientent vers la fin du Nouvel Empire et le début de la Troisième période intermédiaire.

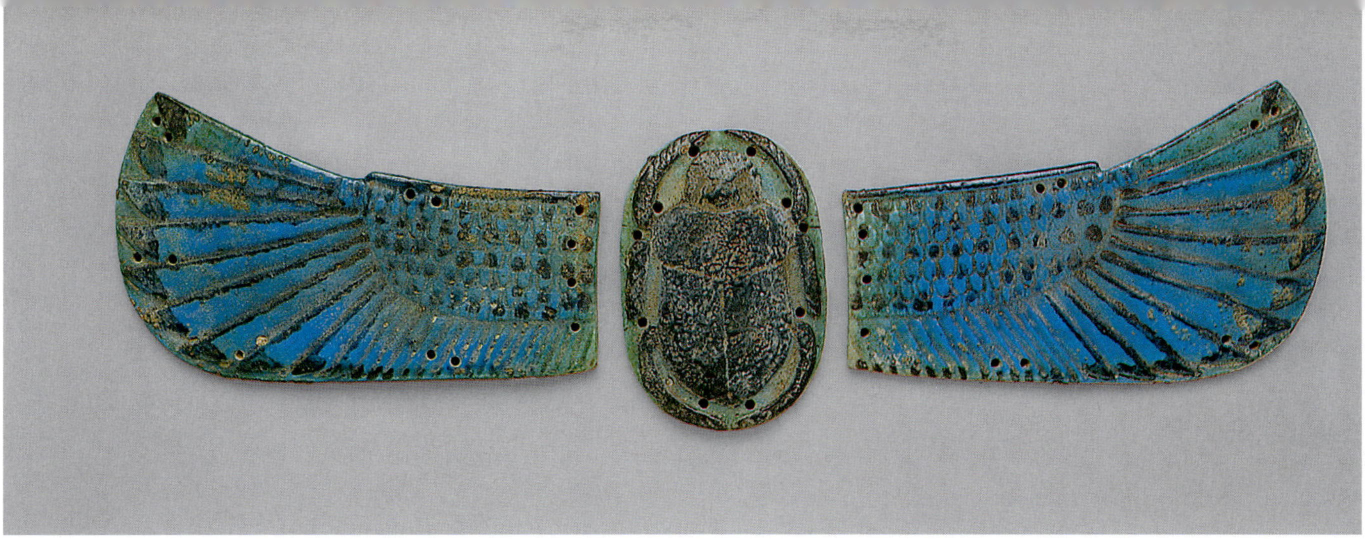

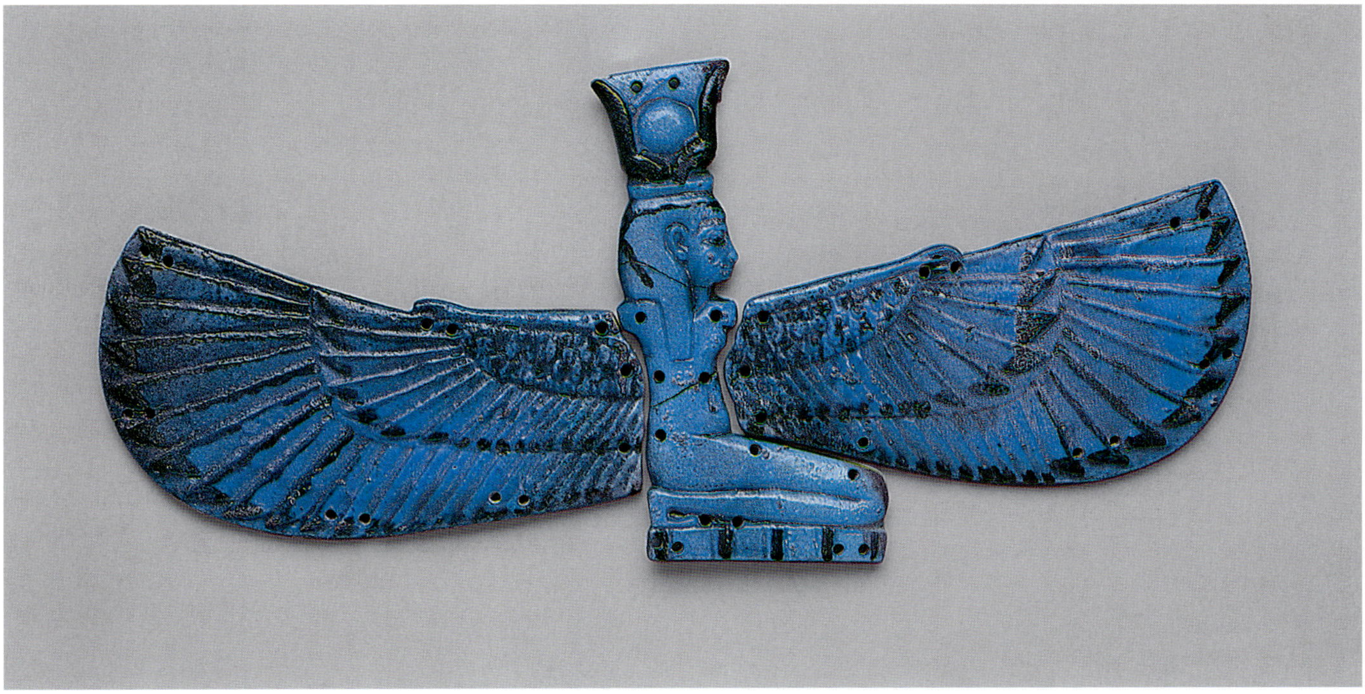

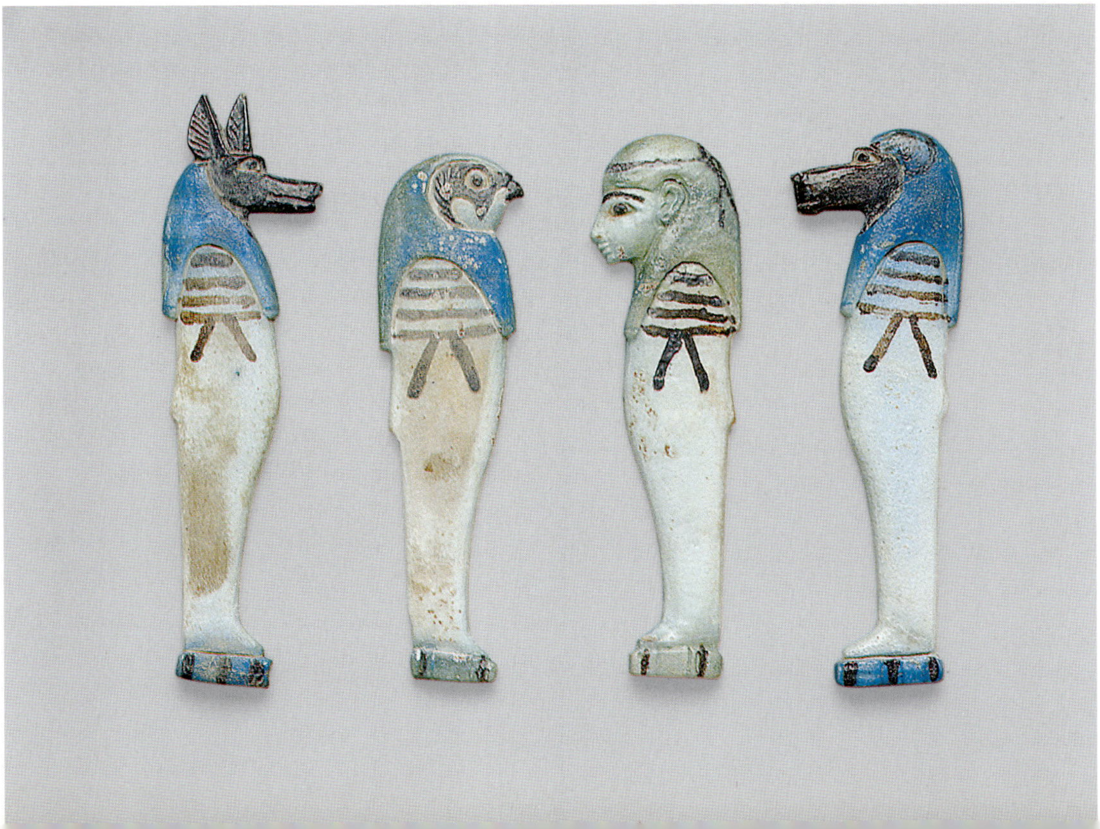

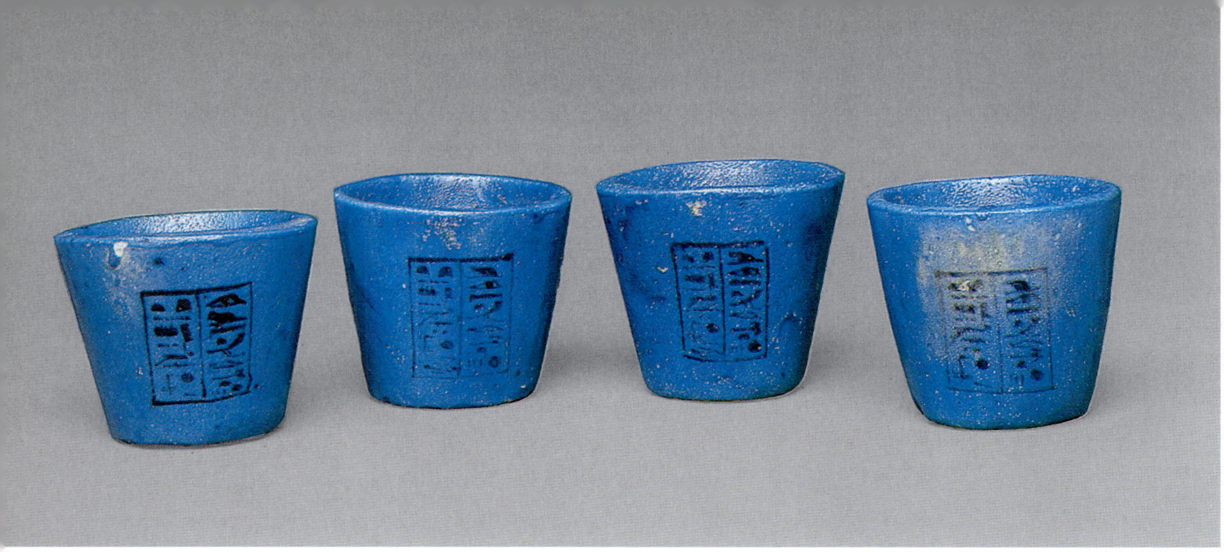

**64. Quatre coupes de la sépulture de Nesikhonsou**
*Troisième période intermédiaire, XXIe Dynastie, v. 975 av. J.-C.*
*Provenance : Thèbes (cachette royale de Deir el-Bahari, tombe DB 320)*
*Faïence. Hauteur moyenne : 6 cm. ECM 1677, 1678, 1679, 1680*

« Dimanche 30 janvier [1887] […] au musée Boulaq […] Brugsch […] nous a tout montré et a ouvert une ou deux caisses pour nous faire voir quelques momies, Beskherens ? [Séqénenrê] qui fut tué au combat, un vrai gâchis, et aussi le général Masaherta [Masaharta], un grand gars costaud, et la princesse NesiKhonsir [Nesikhonsou], toutes deux soigneusement conservées. »
En 1881, les égyptologues furent ébahis par la mise au jour publique d'une tombe sur la rive occidentale de Thèbes, qui contenait les momies de plusieurs des rois et reines les plus célèbres, et d'autres membres de la famille royale, datant de la XVIIe à la XXe Dynastie. Ces momies avaient été retirées de leurs sépultures d'origine lors du démantèlement de la nécropole thébaine à la fin du Nouvel Empire. Le tombeau finalement choisi pour recevoir les dépouilles royales fut celui qui avait été réquisitionné pour la famille du grand prêtre d'Amon, Pinedjem II, quasi-dirigeant de la région de Thèbes et au-delà à l'aube du premier millénaire avant Jésus-Christ.

Bien qu'une famille thébaine locale, les Abd el-Rassoul, ait exploité cette tombe pendant plusieurs années avant sa « découverte » officielle, seuls les petits objets de la cache royale semblent avoir été emportés, dont une grande partie du petit matériel funéraire enterré avec Pinedjem II et ses proches. Parmi ces pièces figuraient un certain nombre de coupes en faïence d'un bleu éclatant et d'une élégante sobriété, dont Myers put acquérir quatre exemplaires. Les inscriptions qui y figurent, différant légèrement sur chacune des coupes, indiquent qu'elles ont été réalisées pour la sépulture de Nesikhonsou, supérieure du harem d'Amon et femme de Pinedjem II. Son enterrement en l'an V du règne de Siamoun est mentionné sur une célèbre inscription trouvée à l'entrée du caveau de Deir el-Bahari.

**65. Scarabée de cœur de Nesgeregtawy**
*Troisième période intermédiaire, XXIe - XXIIe Dynastie, v. 950 av. J.-C.*
*Provenance supposée : Thèbes*
*Faïence. Longueur : 5,5 cm. ECM 1606*

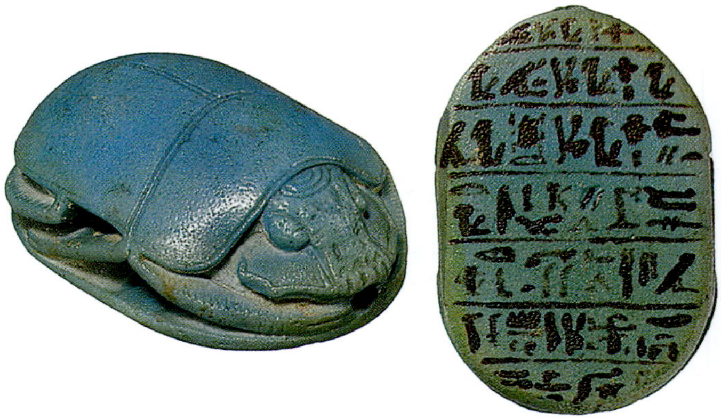

À partir de la fin du Moyen Empire, les Égyptiens ont coutume de placer un gros scarabée entre les bandelettes de la momie et sur le cœur du défunt. Sa raison d'être est mentionnée dans l'un des textes funéraires qui sont généralement inscrits sous son plat – la formule 30B du Livre des Morts. Ainsi peut-on lire sur notre exemplaire : « Ô mon cœur, cœur qui me vient de ma mère, cœur [haty] de mes transformations, ne te tourne pas contre moi en présence du gardien [de la balance], ne te dresse pas en témoin devant l'Osiris, la dame de la maison, la chanteuse d'Amon-Rê roi des dieux, Nesgeregtawy, juste de voix. » Son cœur reposant sur la balance, la femme décédée devait déclarer son innocence devant le tribunal divin constitué de quarante-deux juges assesseurs. Si la balance parvenait à l'équilibre, la défunte était proclamée « juste de voix » et digne d'accéder à une nouvelle vie. Sinon, elle était livrée au « dévoreur des morts » – un monstre à la fois crocodile, lion et hippopotame – pour subir une seconde mort. La forme que prend le nom de la dame et le style général de l'amulette – en particulier la franche incision séparant l'insecte et la base – indiquent une datation de la Troisième période intermédiaire, qui marque l'apogée de la production de faïence égyptienne à Thèbes et ailleurs.

La couleur de la glaçure est typique de cette époque, et se rapproche davantage de l'apparence des chaouabtis contemporains que de la pierre dure de teinte vert-noir (voir cat. nº 90) qui était alors préconisée pour les scarabées de cœur dans les manuscrits du Livre des Morts.

**66. Contrepoids à tête de déesse**
*Troisième période intermédiaire, XXIIᵉ Dynastie, v. 945 av. J.-C.*
*Provenance supposée : Tounah el-Gebel*
*Faïence. Hauteur : 12 cm. ECM 1668*

**67. Contrepoids à tête de déesse**
*Troisième période intermédiaire, XXIIᵉ Dynastie, v. 945 av. J.-C.*
*Provenance supposée : Tounah el-Gebel*
*Faïence. Hauteur : 13 cm. ECM 1670*

**68. Contrepoids ajouré**
*Troisième période intermédiaire, XXIIᵉ Dynastie, v. 945 av. J.-C.*
*Provenance supposée : Tounah el-Gebel*
*Faïence. Hauteur : 9 cm. ECM 1669*

À l'origine, le ménat était un collier rituel constitué de nombreux rangs de perles et de deux contrepoids jumeaux à l'arrière. Il était étroitement associé au culte de la déesse Hathor et au rite funéraire. À l'aube du Nouvel Empire, les contrepoids jumeaux avaient fusionné en une seule pièce qui se terminait en un disque. Néanmoins, ils étaient encore distincts sur le plan conceptuel du fait de la présence d'une ligne ou rainure sur le pourtour de son chant (voir illustration, cat. nº 88). Situé à l'extrémité du collier, cet élément est devenu la partie essentielle du ménat. On le trouve en métal et en faïence, sous forme décorée ou non. Les premiers exemplaires en faïence étaient pour la plupart des objets votifs qui portaient la titulature du souverain régnant ou de sa reine accompagnée de l'épithète « aimé(e) d'Hathor ». Ils ont été retrouvés en quantité dans le temple d'Hathor à Deir el-Bahari ainsi que dans d'autres sanctuaires dédiés à cette déesse à Sérabit el-Khadim et Timna dans le désert du Sinaï.

L'évolution ultérieure du contrepoids et de son iconographie est complexe. De toute évidence, son association à Hathor s'est considérablement élargie au cours du Nouvel Empire pour inclure un certain nombre d'autres divinités apparentées, telles que Sekhmet et Bès dont les images, seules ou combinées, ornent le tronc et le disque du contrepoids durant les dernières périodes pharaoniques.
Les trois exemplaires exposés ici ne représentent qu'une partie des ménats de la Troisième période intermédiaire qui sont conservés dans la collection Myers, dont la majorité provient sans doute de Tounah el-Gebel. Sur les exemplaires nºˢ 66 et 67, nous observons la persistance de l'ancienne imagerie hathorienne. Sur la pièce nº 68 s'y ajoutent des représentations du chat, lequel est associé à la déesse Bastet qui prédomina en Égypte durant la Troisième période intermédiaire (voir l'essai de Stephen Quirke).

66
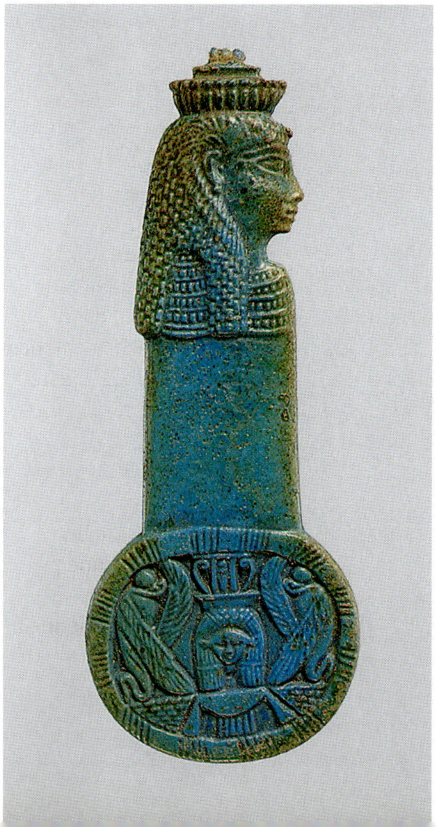

67
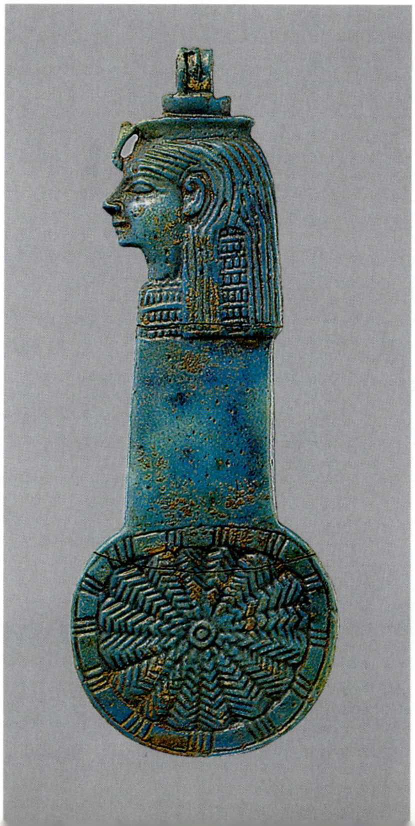

68
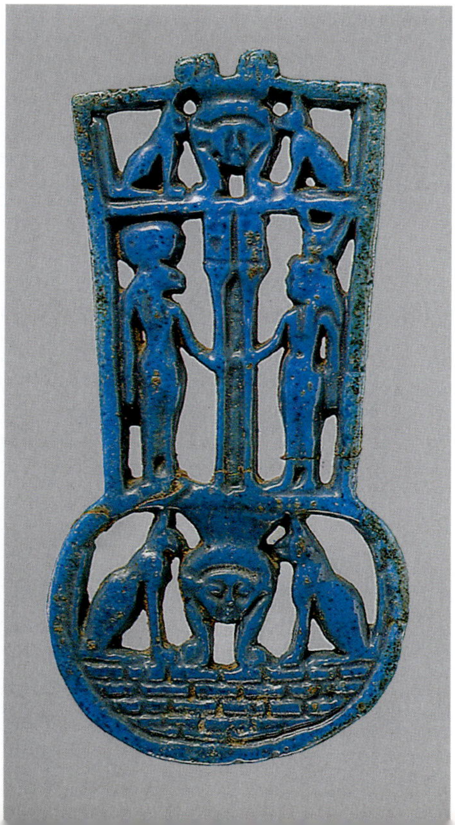

**69. Flacon à décor de plumes**

*Troisième période intermédiaire, XXIIe Dynastie, v. 945 av. J.-C.*
*Provenance supposée : Tounah el-Gebel*
*Faïence. Hauteur : 15 cm. ECM 1673*

La collection Myers compte plusieurs exemplaires similaires à cet élégant flacon de faïence glaçurée de couleur bleue en forme de goutte, qui ne diffère des autres que par le décor de plumes ou d'écailles qui est gravé sur la surface extérieure de son goulot évasé. Sa fonction est assez incertaine, mais il se peut qu'il ait contenu un onguent ou une huile précieuse.

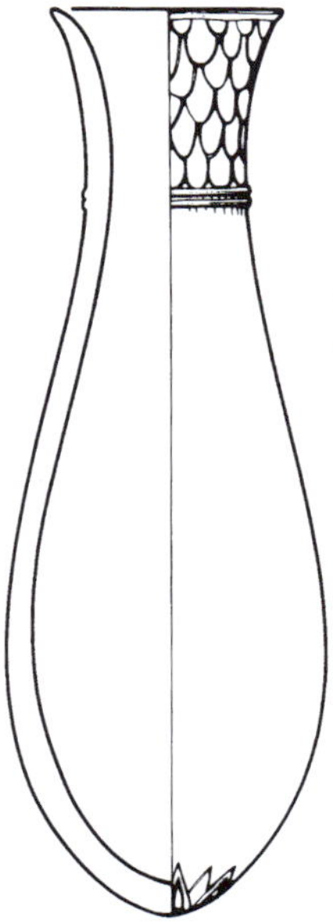

*Croquis de la surface externe et coupe longitudinale (cat. n° 69)*

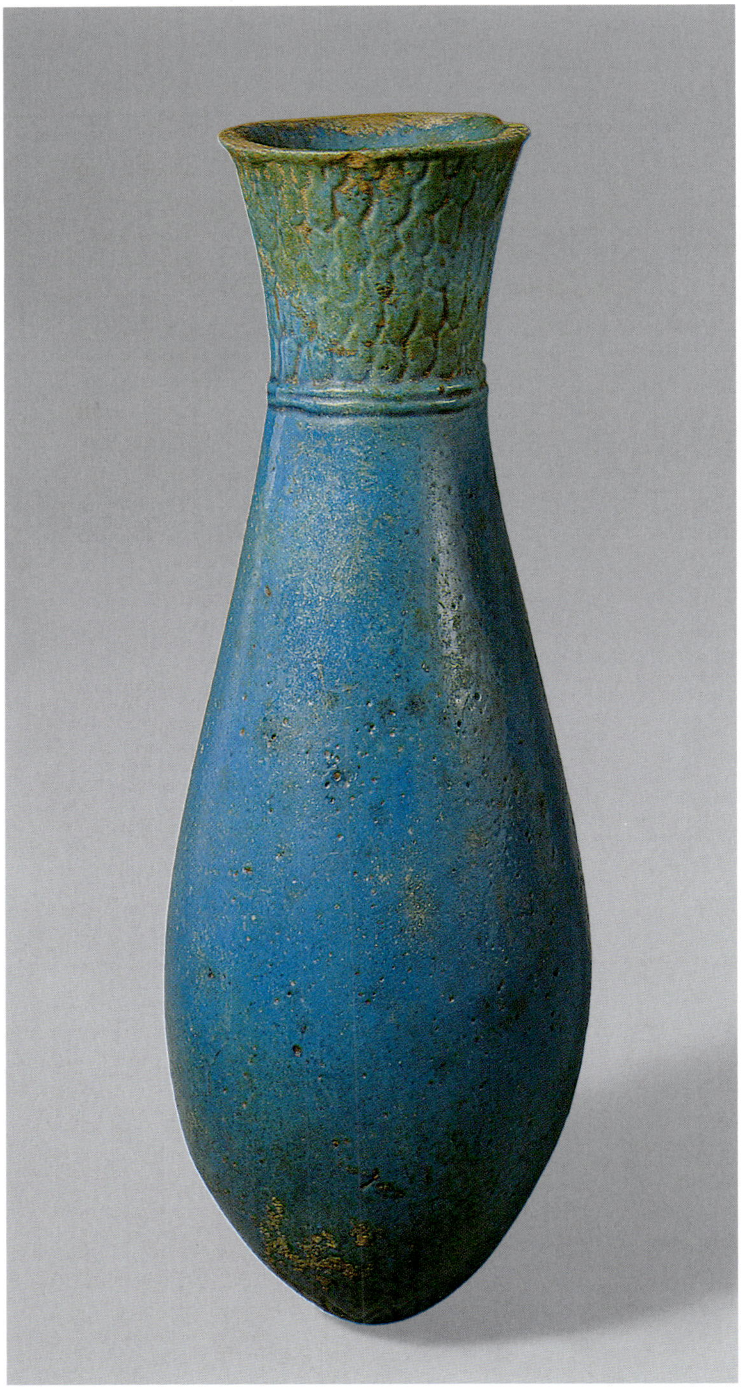

**70. Poignée de miroir**

*Troisième période intermédiaire, XXIIe Dynastie, v. 945 av. J.-C.*
*Provenance supposée : Tounah el-Gebel*
*Faïence. Hauteur : 15 cm. ECM 1675*

Le disque métallique ovale de ce miroir a dû se désagréger ou être fondu durant l'Antiquité pour une nouvelle utilisation, ne laissant que cette ravissante poignée. Modelée dans une superbe faïence bleu-vert, elle prend la forme d'une ombelle de papyrus avec son calice protecteur enroulé sur lui-même. La qualité et la couleur de cette pièce rappellent la faïence de Tounah el-Gebel, bien qu'aucune preuve tangible ne permette d'étayer cette attribution.

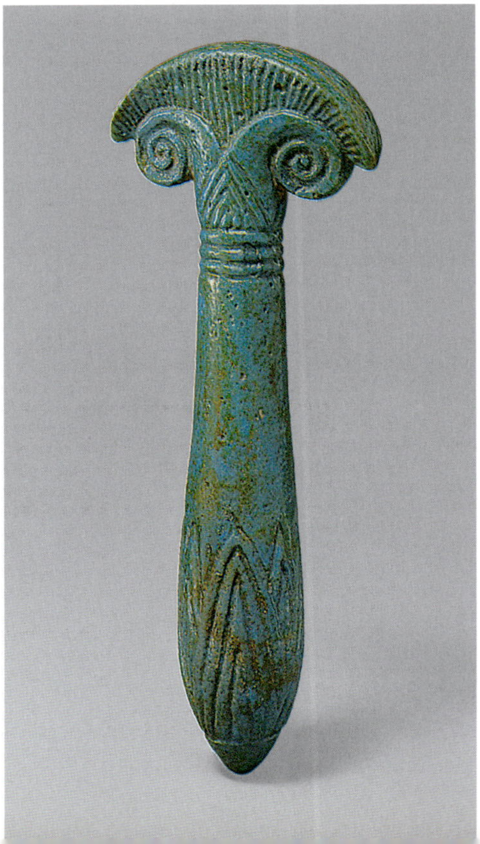

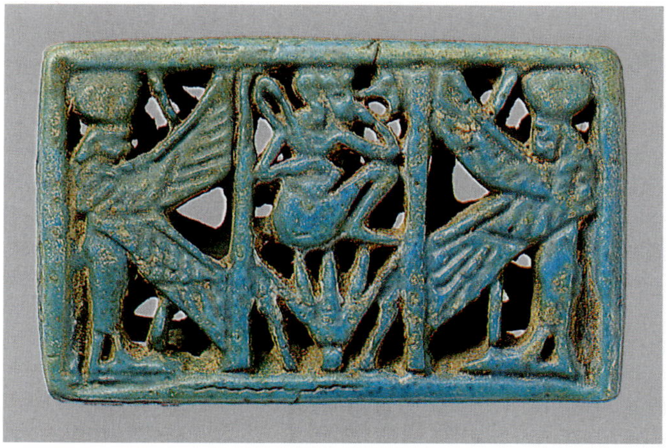

71a

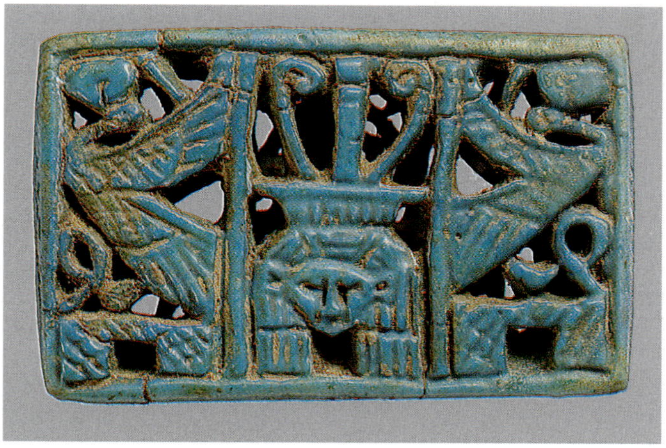

71b

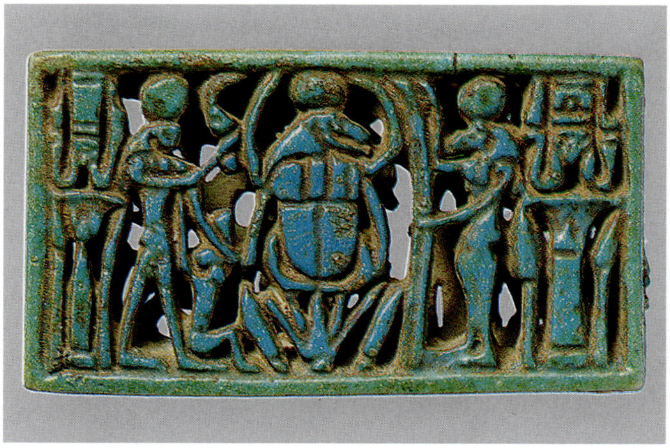

72a

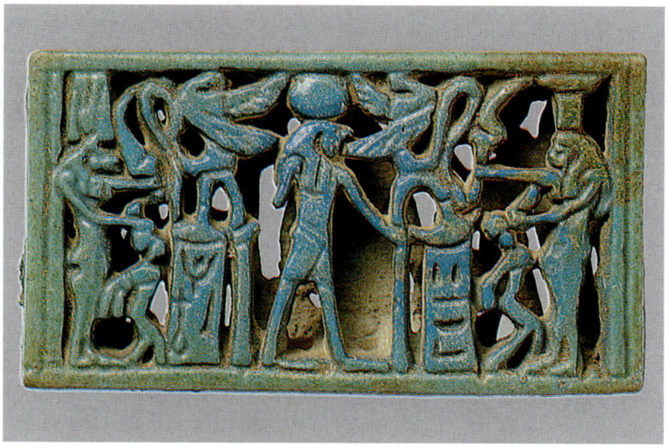

72b

**71. Élément de collier ajouré**
*Troisième période intermédiaire, XXIIe Dynastie, v. 925 av. J.-C.*
*Provenance supposée : Tounah el-Gebel*
*Faïence. Longueur : 5,5 cm. ECM 1658*

**72. Élément de collier ajouré**
*Troisième période intermédiaire, XXIIe Dynastie, v. 925 av. J.-C.*
*Provenance supposée : Tounah el-Gebel*
*Faïence. Longueur : 6 cm. ECM 1659*

Intercalés entre des perles, les éléments de collier représentant des rois et des dieux – avec des variations sur le thème du roi en tant que fils divin et triomphant du dieu soleil – sont caractéristiques de la faïencerie de la XXIIe Dynastie. Sur notre exemplaire n° 71, le dieu-roi prend l'apparence d'un enfant assis sur un lotus (a), coiffé de la mèche d'enfance et portant la main à la bouche pour indiquer son bas âge. L'uræus situé sur son front et la crosse constituent les attributs royaux. De part et d'autre se tient une déesse couronnée du disque solaire, déployant ses bras ailés dans un geste protecteur.

Sur le revers (b), des uræus dotés d'un disque solaire et d'ailes de vautour figurent au-dessus de versions stylisées du hiéroglyphe signifiant « or ». Au centre de la pièce, le haut de la poignée d'un sistre représente la tête de la déesse Hathor avec sa volumineuse chevelure.
Le second exemplaire (cat. n° 72) célèbre le triomphe : sur une face (a) figure la naissance triomphale du dieu soleil et sur l'autre (b), la victoire d'Horus sur ses ennemis. La scène de nativité montre le créateur-dieu du soleil sous la forme d'un scarabée à tête de bélier émergeant d'une fleur de lotus bleu. Il est flanqué à gauche par un dieu solaire à tête de faucon tuant un ennemi tombé à terre, et à droite par une déesse à tête de lionne offrant la nervure de palmier qui est également le hiéroglyphe désignant l'« année » – une référence explicite au nouvel an ou à la fête Sed. Sur l'autre face de la pièce, le dieu à tête de faucon apparaît à nouveau, entre deux colonnes hiéroglyphiques surmontées chacune d'un cobra ailé protecteur. De part et d'autre de la composition figurent deux déesses violentes : Sekhmet (?), la déesse à tête de lionne connue pour sa fureur (qui est apaisée par des incantations spécifiques à la fin de l'année, afin d'écarter les dangers des cinq jours

épagomènes), et Nephtys. La tablette placée devant le dieu semble n'être là que pour évoquer la présence de l'écriture sacrée, tandis que sur la seconde, derrière lui, on peut lire « jour de l'ouverture d'une belle année » – à savoir la fête du nouvel an qui était célébrée au cœur de l'été, au moment de la crue du Nil.
Avec leur imagerie prenant pour thèmes le nouvel an et le massacre des ennemis, ces éléments de collier semblent appartenir au même courant artistique et religieux que les calices en relief (cat. n^os 53 et 54) et les bagues ajourées (cat. n° 74) de notre collection. Ces formes disparaîtront avec la « renaissance » de la fin du VIII^e siècle pour laisser la place, durant la XXVI^e Dynastie, à d'autres approches de la célébration de la crue du Nil – avec notamment les gourdes du nouvel an (cat. n° 87) et plus tard les contrepoids (cat. n° 88).

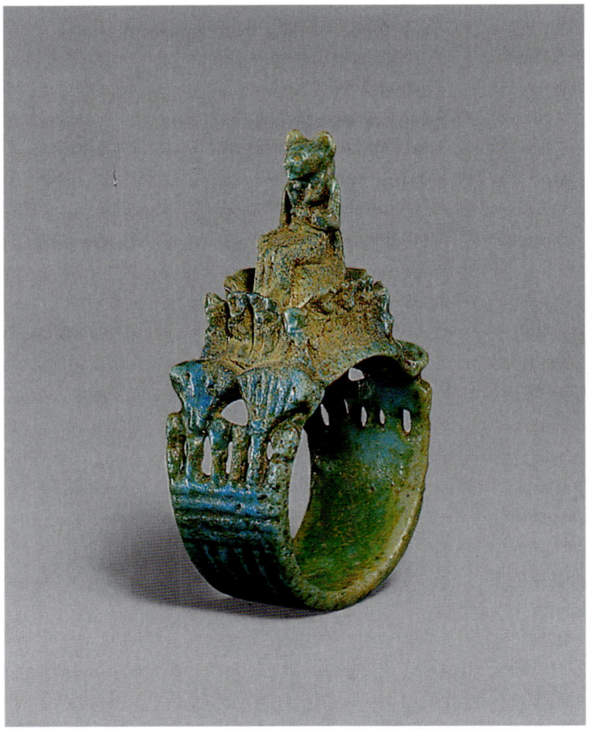

73

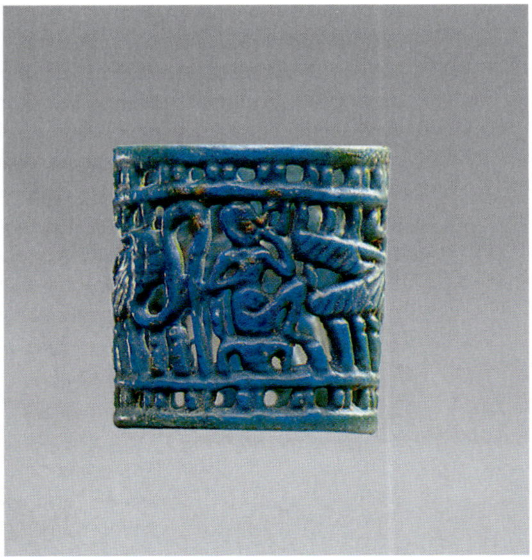

74

**73. Bague à la chatte et ses petits**
*Troisième période intermédiaire, XXII^e Dynastie, v. 945 av. J.-C.*
*Faïence. Hauteur : 4,5 cm. ECM 1483*

**74. Bague ajourée**
*Troisième période intermédiaire, XXII^e Dynastie, v. 925 av. J.-C.*
*Provenance supposée : Tounah el-Gebel*
*Faïence. Diamètre : 2,5 cm. ECM 1482*

Très ancienne, l'histoire des bijoux fantaisie remonte au moins à la XVIII^e Dynastie avec les reproductions en faïence d'un certain nombre de prototypes en métal précieux, qui étaient distribuées à l'occasion de fêtes. Les bagues en faïence apparurent pour la première fois en quantité durant le règne d'Aménophis III et se multiplièrent rapidement au cours de la période d'Amarna. L'une des plus courantes imitait les bagues-sceaux en étrier massives qui étaient octroyées aux membres de l'administration. Elles portaient le cartouche du souverain régnant ou d'un membre de la famille royale auquel leur détenteur devait allégeance.

À l'aube de la Troisième période intermédiaire, de nouvelles bagues plus élaborées étaient déjà apparues, tels l'exemplaire n° 73 de ce catalogue avec son chaton en forme de déesse chat siégeant sur son trône, entourée de ses petits, et le n° 74 avec son décor délicatement ajouré qui, par sa technique de fabrication et son thème, est clairement relié aux éléments de collier de la XXII^e Dynastie (voir cat. n^os 71 et 72).

**75. Amulette en forme de nain**
*Troisième période intermédiaire, peut-être XXII^e Dynastie, v. 945 av. J.-C.*
*Verre bleu pâle. Hauteur : 3,5 cm. ECM 2076*

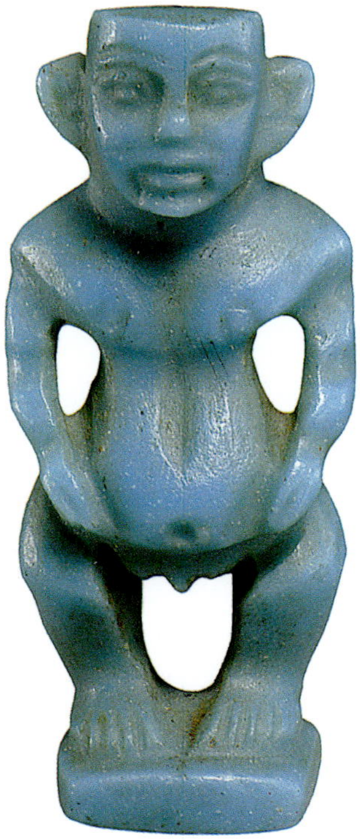

Pour les Égyptiens, la courte stature et les jambes arquées du nain (voir cat. n^os 15 et 16) symbolisaient la présence divine au moment de la naissance. Les mêmes caractéristiques physiques étaient utilisées pour représenter Bès à tête de lion, le dieu protecteur de la mère et de l'enfant, ainsi que l'une des formes de Ptah, le dieu memphite de la terre – appelé Pataikos dans les textes grecs – à la naissance de la création. Le nain Ptah est parfois coiffé d'un scarabée, symbole de la renaissance, ou plus rarement d'une couronne telle que l'*atef* d'Osiris flanquée de plumes.

Étant donné sa tête tronquée, notre mystérieuse amulette de nain supportait de toute évidence une couronne fabriquée soit dans un matériau contrasté comme l'or ou l'argent, soit en verre coloré. L'utilisation du verre, ainsi que la teinte bleu pâle, suggèrent tout d'abord une datation aussi ancienne que le Nouvel Empire. Toutefois, avant la Troisième période intermédiaire, il est rare de trouver ce thème sur une pièce d'aussi petite taille. En outre, l'inscription gravée sous la base de l'objet, qui se traduit simplement par « amulette de nain » (sans plus d'indication sur la nature de la divinité invoquée), nous oriente également vers une datation postérieure au Nouvel Empire. Cependant, le verre était loin d'être couramment employé durant la Troisième période intermédiaire.

**76. Amulette d'Isis et Horus**
*Troisième période intermédiaire, XXII^e Dynastie, v. 945 av. J.-C.*
*Faïence. Hauteur : 5,5 cm. ECM 1532*

Selon le mythe, Isis était la sœur et la femme d'Osiris, qui fut assassiné par Seth, leur frère anarchiste. En usant de magie, Isis parvint à ranimer son époux mort puis engendra un enfant, Horus, qu'elle mit à l'abri dans les marais du delta. Plus tard, Horus revendiqua l'héritage de son père auprès de Seth.
Les images de la mère divine et de son fils constituaient un puissant thème littéraire et artistique. Les représentations destinées à protéger les vivants et les morts firent leur apparition dès le Moyen Empire, avec des incantations pour le maintien ou le recouvrement de la santé où la déesse Isis tenait le rôle de la guérisseuse et son fils celui du patient. Les sculptures en bronze et en faïence illustrant ce thème connurent une grande popularité durant le premier millénaire avant Jésus-Christ. À la fin de ce dernier, le culte de la mère s'était étendu à toute la Méditerranée orientale où elle était considérée comme la déesse par excellence. Pour beaucoup de gens – même si ce parallèle n'est pas universellement accepté –, l'Isis *lactans* constitue l'archétype incontestable de l'image chrétienne de la Madone à l'Enfant.
Cette amulette en faïence à la glaçure magnifique, qui représente Isis allaitant son nouveau-né, peut être datée de la Troisième période intermédiaire d'après la technique d'ajour employée pour les flancs du trône, qui sont ornés de cobras ailés figurant couramment sur les objets de cette époque. L'anneau situé à l'arrière montre que la pièce a été conçue soit comme une amulette, soit comme un petit ex-voto à suspendre dans un temple ou autre sanctuaire.

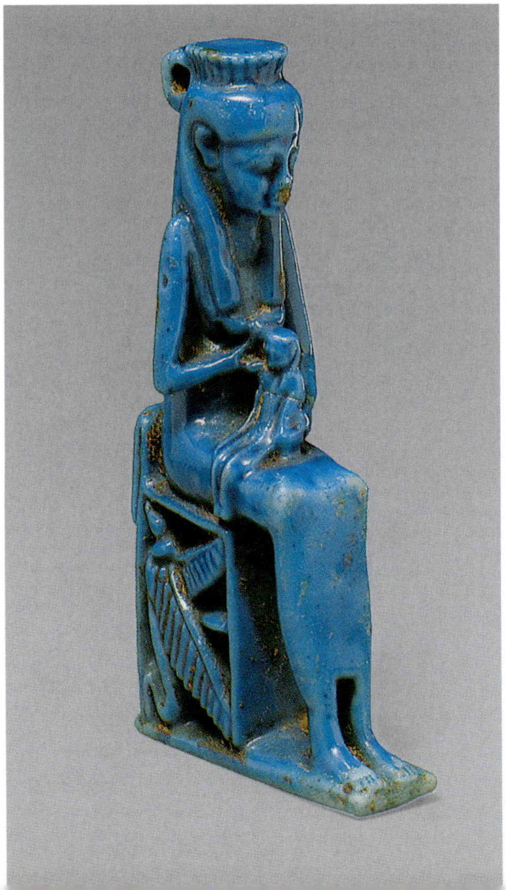

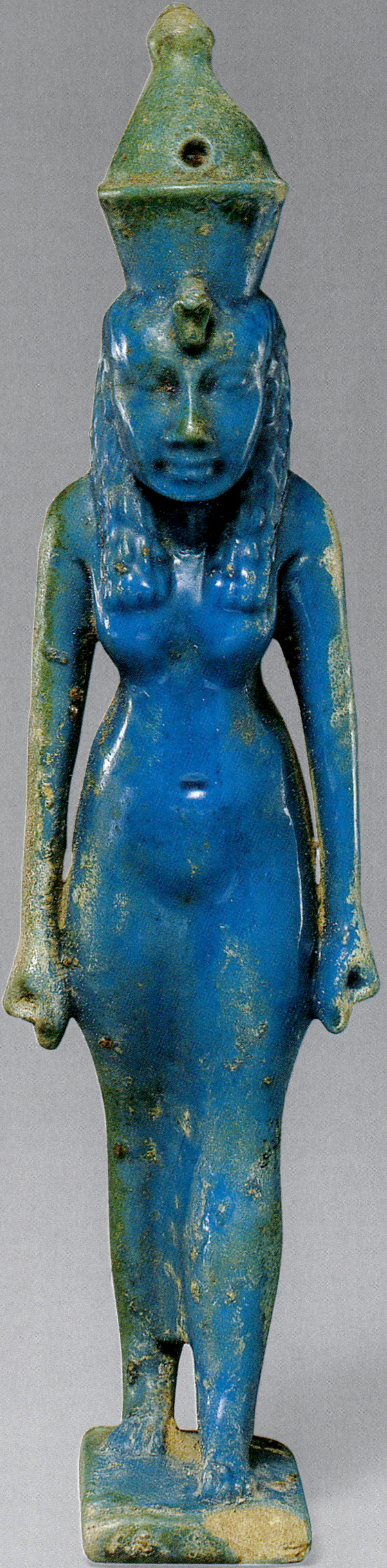

**77. Statuette de la déesse Mout**
*Troisième période intermédiaire, XXII^e Dynastie, v. 945 av. J.-C.*
*Faïence. Hauteur : 10 cm. ECM 1689*

**78. Modèle d'étui à décrets de la déesse Mout**
*Troisième période intermédiaire, XXII^e Dynastie, v. 945 av. J.-C.*
*Fritte bleue. Hauteur : 4,5 cm. ECM 1665*

La déesse Mout, dont le nom signifie en égyptien « mère », était l'une des protectrices du pharaon. Au sein de la triade thébaine divine, elle était l'épouse d'Amon-Rê, « roi des dieux » – qui prédomina à Karnak et à travers toute l'Égypte durant les jours glorieux du Nouvel Empire et au-delà –, ainsi que la mère de Khonsou, dieu de la lune. Sur nos deux amulettes, la déesse est représentée avec sa coiffe distinctive, la double couronne symbolisant la Haute et la Basse-Égypte.
L'exemplaire n° 77, avec son admirable glaçure bleue virant au vert, représente la déesse sous une simple forme humaine, avançant du pied gauche et vêtue d'une robe moulante. La couronne comporte à l'avant un percement qui était destiné à recevoir une « tige spiralée » indépendante, aujourd'hui manquante, qui fut sans doute initialement fabriquée dans un métal précieux à l'aspect contrasté. La taille de la pièce suggère qu'elle aurait été conçue moins comme une amulette que comme une figure votive à déposer dans un temple ou autre sanctuaire.
L'exemplaire n° 78 est plus inhabituel. Au cours de la Troisième période intermédiaire, les « décrets », qui étaient inscrits sur de longues bandes de papyrus et délivrés lors des oracles de divers dieux et déesses, étaient couramment préservés en tant qu'amulettes dans des étuis cylindriques que les hommes portaient autour du cou, dans la vie comme dans la mort. Équivalents antiques des polices d'assurance vie, ces décrets comportaient les clauses destinées à protéger leurs détenteurs contre tous les dangers imaginables que pouvait alors rencontrer un homme dans la vallée du Nil. L'amulette d'Eton est manifestement un modèle de l'un de ces cylindres, moulé et taillé dans la version lapis foncé du matériau autrefois qualifié de « pâte de verre ». Les détails du « bouchon » à tête de déesse, de l'uræus, du visage et des bordures perlées témoignent d'une extraordinaire finesse pour une œuvre de cette taille.

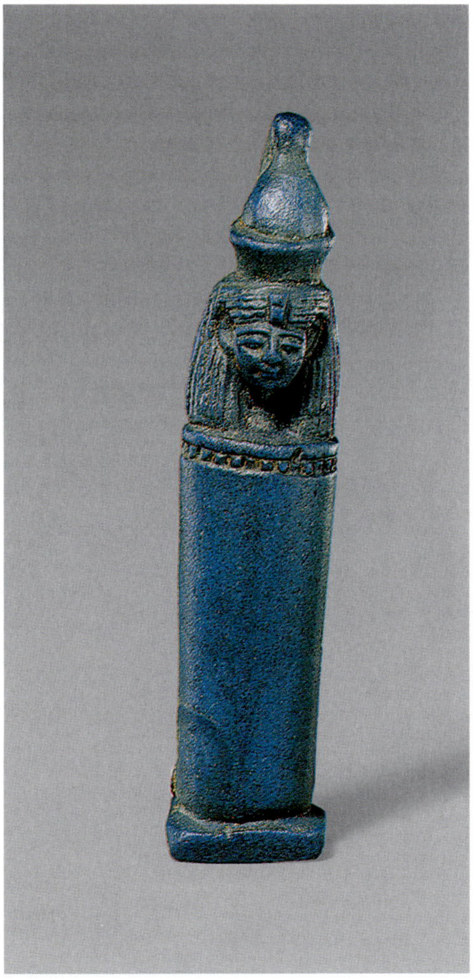

**79. Pectoral à l'effigie d'Horus**

*Probablement Dernière période dynastique, XXXe Dynastie, v. 350 av. J.-C.*
*Fritte bleue. Hauteur : 6,5 cm. ECM 1530*

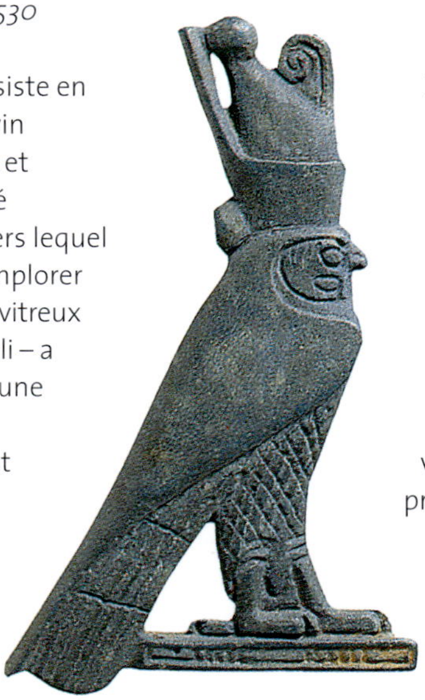

Ce splendide ornement de pectoral consiste en une représentation biface du faucon divin portant la double couronne de la Haute et Basse-Égypte – Horus, dieu de la royauté et défenseur de l'ordre divin sur terre, vers lequel se tournaient tous les Égyptiens pour implorer sa protection. Le matériau – un composé vitreux bleu foncé destiné à évoquer le lapis-lazuli – a été modelé avec sobriété afin d'obtenir une image parfaite.
La datation de ce pendentif classique est suggérée par l'apparition relativement fréquente de grands pectoraux similaires qui sont mis en évidence autour du cou d'un certain nombre de sculptures réalisées à partir de la XXVIe Dynastie. Il se peut que cet ornement ait simplement constitué une amulette, ou même le symbole d'une fonction qu'aurait porté un prêtre de ce dieu. Toutefois, une autre hypothèse apparaît dans un papyrus du Brooklyn Museum (47.218.50, col. xvi, lignes 11-12). Ce texte de la Dernière période dynastique, qui décrit le rituel de la confirmation du pouvoir royal au nouvel an, stipule qu'un faucon en *tjehenet* (faïence ou verre) devait être attaché au cou du roi (ou du prêtre jouant son rôle) au début de la cérémonie. Ceci impliquerait que les pectoraux de ce type aient fait partie des bijoux rituels qui étaient conservés par les temples d'un bout à l'autre du pays.

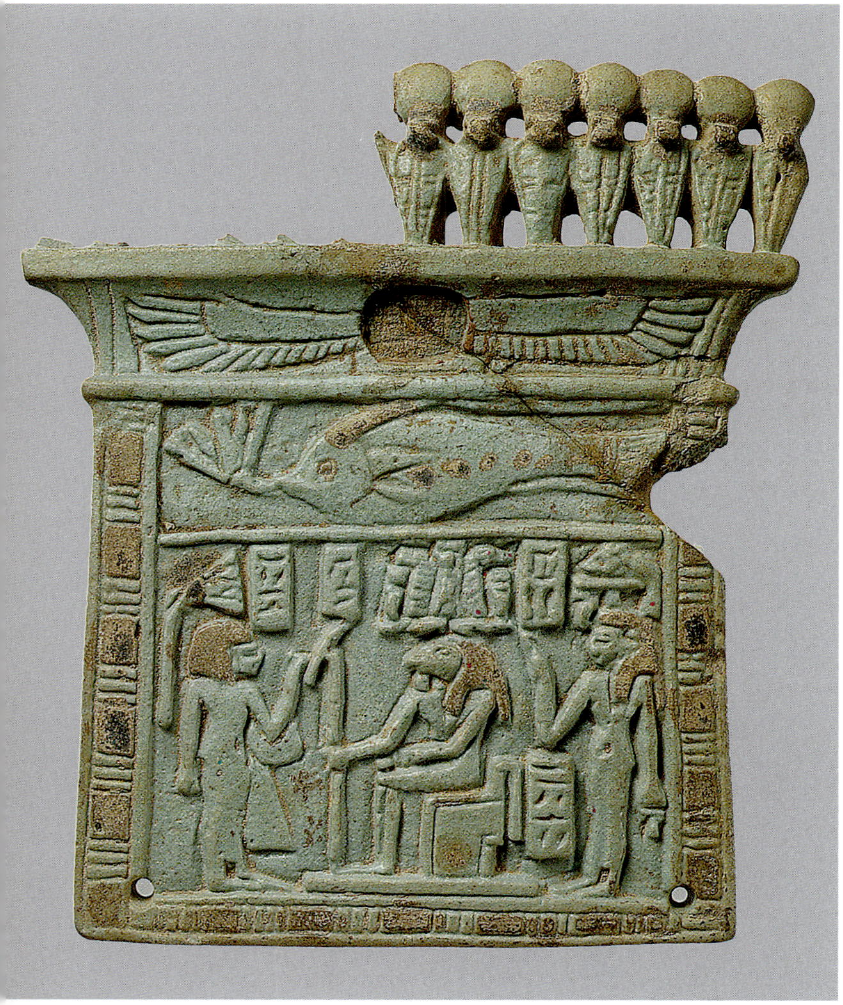

**80. Pectoral illustrant la défunte face à Banebdjedet et Hatméhyt**

*Troisième période intermédiaire, XXIIe Dynastie ou ultérieure, apr. 945 av. J.-C.*
*Faïence. Hauteur : 11 cm. ECM 1686*

À partir du Moyen Empire, les pectoraux en forme de naos, ou sanctuaire, étaient des productions typiques des bijoutiers et faïenciers. Sur cette pièce unique glaçurée en bleu-vert, vraisemblablement à vocation funéraire, les détails étaient jadis rehaussés en noir. La structure du naos est surmontée par une rangée de cobras couronnés d'un disque solaire. La corniche du sanctuaire est ornée d'un disque solaire ailé (ou peut-être s'agit-il d'un scarabée, l'élément incrusté ayant disparu). La scène principale est tout à fait unique : une femme dans un vêtement à longues manches lève une main en signe d'adoration sur un dieu à tête de bélier, lequel porte la couronne *atef* avec des cobras pendant au-dessus de ses cornes horizontales. Le dieu est assis sur un trône cubique et tient un sceptre représentant la « domination ».

Derrière lui se tient une déesse qui porte le symbole de la « vie » (*ânkh*) dans une main tandis que la seconde est levée. Elle est coiffée du poisson Schilbe, emblème de la province de Mendès dans le centre du delta.
Au-dessus des trois personnages de la scène centrale, un large panneau contient l'image de ce même poisson Schilbe tenant dans sa bouche une fleur de lotus, symbole de renaissance (voir cat. n^os 26-31). Les espaces libres de la composition sont remplis par une fleur de lotus et de petits blocs de hiéroglyphes. Ces derniers offrent non pas un texte relié à la scène, mais seulement la présence symbolique de l'écriture sacrée – artifice que nous avons déjà rencontré sur les calices à décor en relief (cat. n^os 53 et 54) et les éléments de collier ajourés (cat. n^o 72).
L'emblème du poisson permet d'identifier Hatméhyt, déesse de la ville de Mendès, ainsi que de son parèdre le dieu Banebdjedet, le « bélier seigneur de Mendès ». En égyptien, les mots « bélier » et « âme » se prononcent presque de la même manière – *ba*. Ainsi Banebdjedet était-il considéré comme l'âme du créateur. D'ailleurs, le temple de Mendès datant de la Dernière période dynastique comptait quatre sanctuaires monolithiques dédiés à l'âme des quatre principaux dieux créateurs : Rê (le soleil), Chou (l'air), Geb (la terre) et Osiris (le roi parfait). Bien que le site de Mendès ait été largement démantelé durant les périodes chrétienne et islamique, l'étendue de ses ruines indique qu'il s'agissait jadis d'une cité très importante. L'histoire le confirme par le fait que parmi les dernières Dynasties d'Égypte, la XXIX^e a pris naissance à Mendès.

**81. Sistre**
*Troisième période intermédiaire, XXII^e Dynastie ou ultérieure, apr. 945 av. J.-C.*
*Faïence. Hauteur : 23,5 cm. ECM 1693*

Le sistre, que nous avons déjà présenté (voir cat. n^o 7), était une crécelle rituelle appelée *sechecht* en égyptien – mot qui évoquerait, par sa sonorité, le bruissement de la déesse-vache Hathor se déplaçant à travers les fourrés de papyrus dans les marais du delta. De manière assez exceptionnelle, notre exemplaire est presque intact. Seules les tringles transversales et les rondelles métalliques mobiles ont disparu. L'instrument est surmonté d'une représentation de la déesse Maât faisant face à une paire d'oiseaux à tête d'homme et de femme, identifiés par ailleurs comme le dieu Chou et la déesse Tefnout. Notre exemplaire est en faïence bleue, les détails de la perruque d'Hathor et la chevelure des oiseaux-ba et de la déesse Maât étant rehaussés de noir.
Chaque face de la poignée est gravée d'une colonne de hiéroglyphes contenant une invocation à la déesse Bastet, ce qui correspond bien à la période de cet objet.
Notre sistre figure parmi les premiers exemplaires de ce type réalisés dans ce matériau. En effet, la majorité des crécelles datant de la Troisième période intermédiaire, ou plus tôt, sont en bronze, bien que certains exemplaires connus soient en stéatite glaçurée (cat. n^o 7) et en albâtre égyptien.

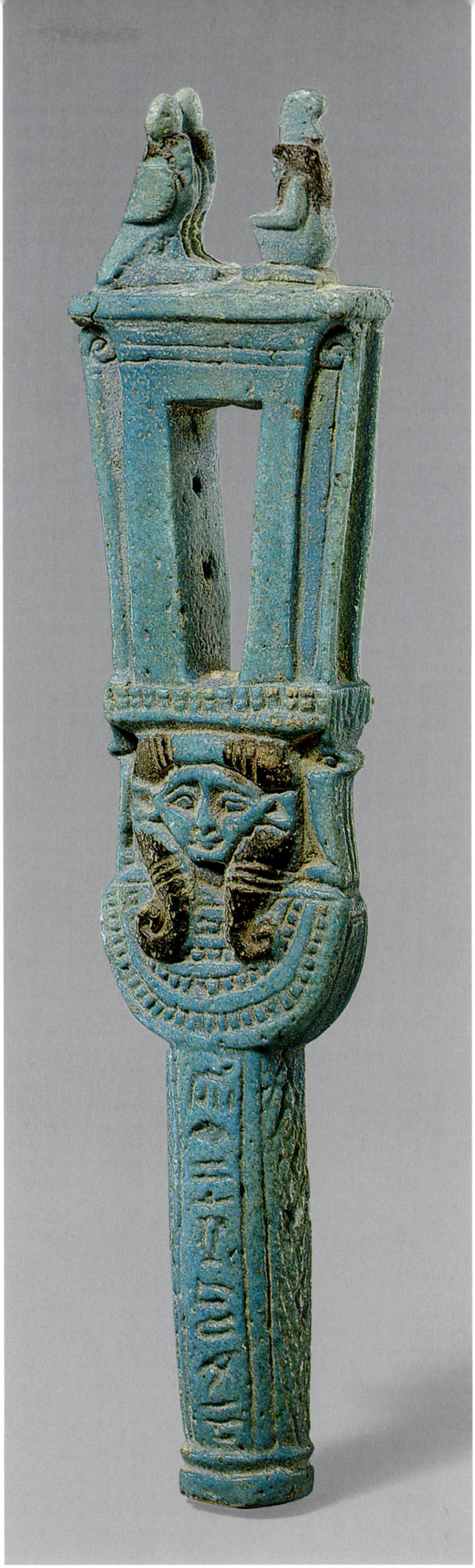

## 82. Tête de femme nubienne

*Troisième période intermédiaire, XXII$^e$ Dynastie,*
*v. 945 av. J.-C.*
*Faïence. Hauteur : 5 cm. ECM 822*

Durant la Troisième période intermédiaire apparurent les figurines et bâtons en faïence dotés de plages noires caractéristiques, qui les reliaient vraisemblablement au thème de la fertilité. Provenant principalement du delta où ils étaient fabriqués (avec des ateliers identifiés à Tanis et Bubastis entre autres), ces objets déclinaient un éventail de sujets restreint. Ils représentaient principalement le dieu Bès, un singe vert ou une Nubienne debout, thèmes qui étaient souvent combinés avec l'imagerie de l'allaitement et de la musique. Cette tête collectée par Myers provient d'un grand exemplaire

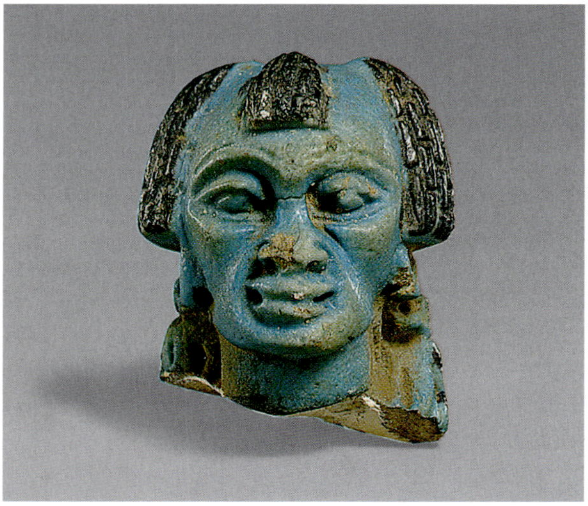

appartenant à la troisième catégorie, avec la glaçure bleue habituelle et les détails rehaussés de noir. La Nubienne est représentée avec la chevelure en croix et les oreilles percées caractéristiques. Un singe est assis sur chacune de ses épaules. Les traits de la femme sont modelés de manière outrée, comme cela se pratiquait sur les figures de genre de ce type. L'anneau de suspension situé à l'arrière permettait sans doute d'accrocher la sculpture complète en guise d'offrande dans un sanctuaire ou sur le lieu d'une naissance.

## 83. Amulette en forme de chat

*Troisième période intermédiaire, XXII$^e$ Dynastie,*
*v. 945 av. J.-C.*
*Stéatite à glaçure bleue, électrum (collier et bracelets).*
*Hauteur : 3 cm. ECM 1725*

Ce chat aux détails d'une extrême minutie est parfaitement conservé. Réalisé en stéatite – matériau souvent employé pour les petites amulettes, les scarabées et les scaraboïdes –, il a été complété durant l'Antiquité par un collier et des bracelets en électrum (l'un d'eux a été retiré durant la conservation).

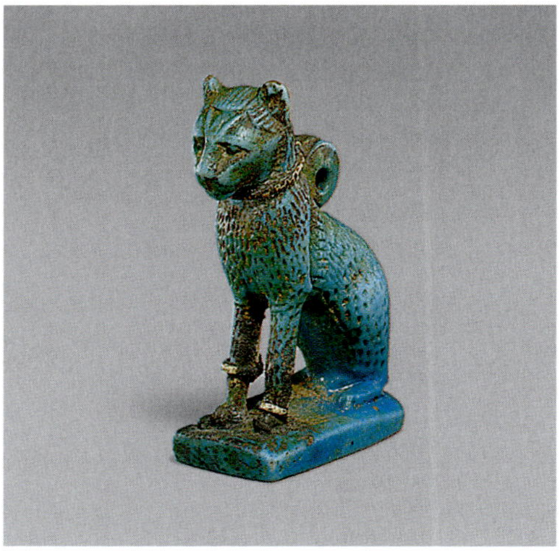

Cette pièce a très certainement été conçue comme la représentation d'un chat de temple consacré à Bastet, la déesse chatte de Bubastis, berceau de la XXII$^e$ Dynastie. Les amulettes de ce type servaient aussi bien du vivant de leurs détenteurs, pour leur assurer la protection de la déesse, qu'après la mort. Un exemplaire similaire a été découvert parmi les bandelettes du grand prêtre de Ptah, le prince Shéshonq, fils d'Osorkon II, dont la tombe a été mise au jour à Memphis en 1942.

## 84. Tête de femme

*Basse Époque, XXV$^e$ Dynastie, v. 750 av. J.-C.*
*Faïence. Hauteur : 1,5 cm. ECM 1707*

Cette minuscule tête a été détachée d'une statuette plus importante. Les cheveux courts et bouclés – ou la perruque – sont caractéristiques de la sculpture archaïsante de la Basse Époque. De plus, la glaçure et le modelage du visage semblent compatibles avec une datation de cet objet à la fin du XVIII$^e$ ou au VII$^e$ siècle avant Jésus-Christ. En outre, les ornements d'oreilles semblent être tombés en désuétude à la fin de la XXV$^e$ Dynastie pour ne réapparaître qu'avec l'avènement des Ptolémées à la fin du IV$^e$ siècle avant Jésus-Christ, si bien que le percement des oreilles devrait nous permettre de faire remonter cet exemplaire plus précisément au début de la période envisagée. Malgré l'absence d'attributs royaux, cette tête pourrait provenir de la statuette d'une « divine adoratrice » la grande prêtresse – d'Amon dans le rite thébain.

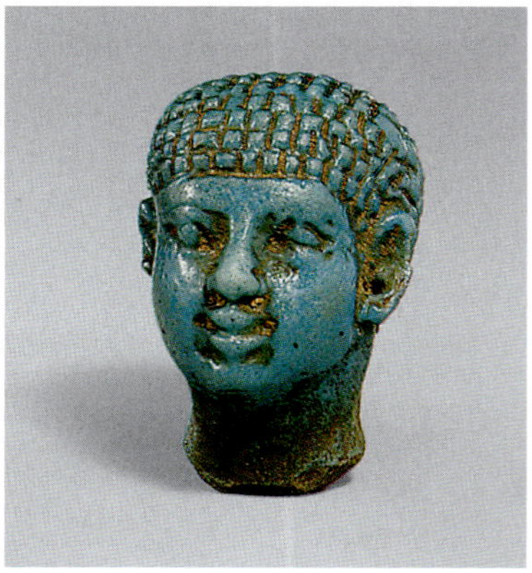

**85. Chaouabti du roi Psammétique Ier (?)**

*Basse Époque, XXVIe Dynastie, probablement règne de Psammétique Ier, 664-610 av. J.-C.*
*Provenance : Saïs*
*Faïence. Hauteur : 17 cm. ECM 1709*

Les chaouabtis royaux de la XXVIe Dynastie saïte sont connus pour être difficiles à attribuer, car le nom indiqué contrairement à la pratique antérieure – correspond généralement au *nomen*, ou nom de naissance, qui peut être partagé par plusieurs rois. La situation est rendue plus complexe encore du fait que l'épithète accompagnant ce nom – Nesout-bity, « roi de la Haute et Basse-Égypte » – avait auparavant été utilisée uniquement avec le *prenomen*, ou nom de couronnement. Lorsque le *nomen* d'un roi est identique au *prenomen* d'un autre – comme c'est le cas pour Apriès et Amasis –, la confusion est aisée.

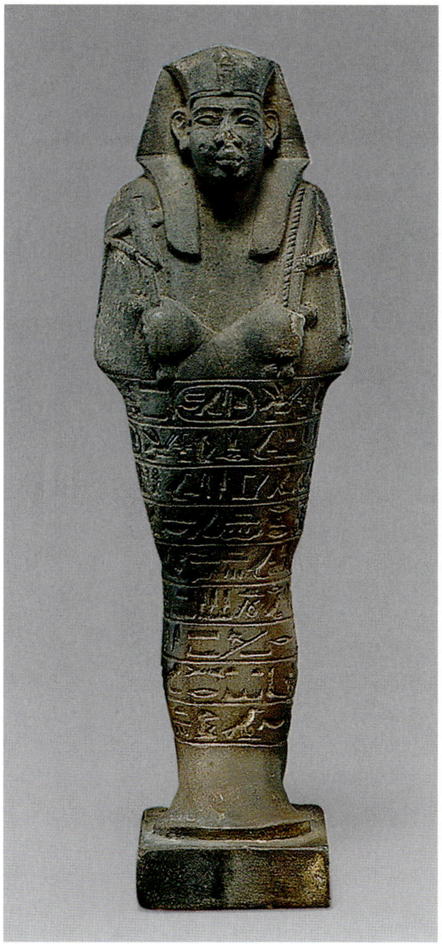

Dans le cas de notre chaouabti, la difficulté consiste à savoir à quel roi l'affecter parmi les trois Psammétique. Un consensus a été obtenu sur la base de la qualité de la pièce en retenant Psammétique Ier – l'initiateur de la « renaissance », à la XXVIe Dynastie, des destins artistique et politique de l'Égypte. De toute évidence, il fut le plus grand souverain à porter ce nom. Figurant parmi les plus magnifiques chaouabtis jamais produits, les amulettes de ce pharaon témoignent de l'essor de cette période. Plusieurs exemplaires sont connus, mais celui de Myers se distingue par sa surface partiellement noircie. Il peut tout simplement avoir été surcuit à la fabrication, ce qui arrivait parfois à ces objets. Toutefois, une autre explication est envisageable. L'historien grec Hérodote raconte comment une sépulture royale saïte fut incendiée à la torche par les envahisseurs perses vers 525 avant Jésus-Christ – événement figurant parmi les actes effroyables de profanation qui furent attribués à Cambyse, roi des Perses. Bien que ce récit ait souvent été discrédité comme participant de la propagande antiperse, notre chaouabti pourrait suggérer le contraire.

**86. Flacon à trois anses**

*Basse Époque, XXVIe Dynastie, v. 650 av. J.-C.*
*Faïence. Hauteur : 14 cm. ECM 1736*

Ce flacon globulaire, ample mais délicat avec ses trois anses, est fabriqué dans une faïence au grain extrêmement fin. Sa surface varie aujourd'hui du bleu pâle au vert foncé et possède un lustre presque métallique. La minceur des parois et la finesse des anses nervurées et du col donnent à penser que ce flacon est issu d'un prototype en métal. Cependant, les seuls parallèles proches que l'on ait pu trouver jusqu'ici sont des exemplaires en verre du Nouvel Empire de taille bien inférieure.
La fonction précise de ce flacon est difficile à déterminer. L'ouverture évasée en forme d'ombelle de papyrus aurait parfaitement convenu pour verser, et l'échelle du flacon suggère qu'il aurait contenu de l'huile parfumée ou précieuse. La datation est plus indéfinissable encore, toutefois la XXVIe Dynastie semble être la période la plus plausible.

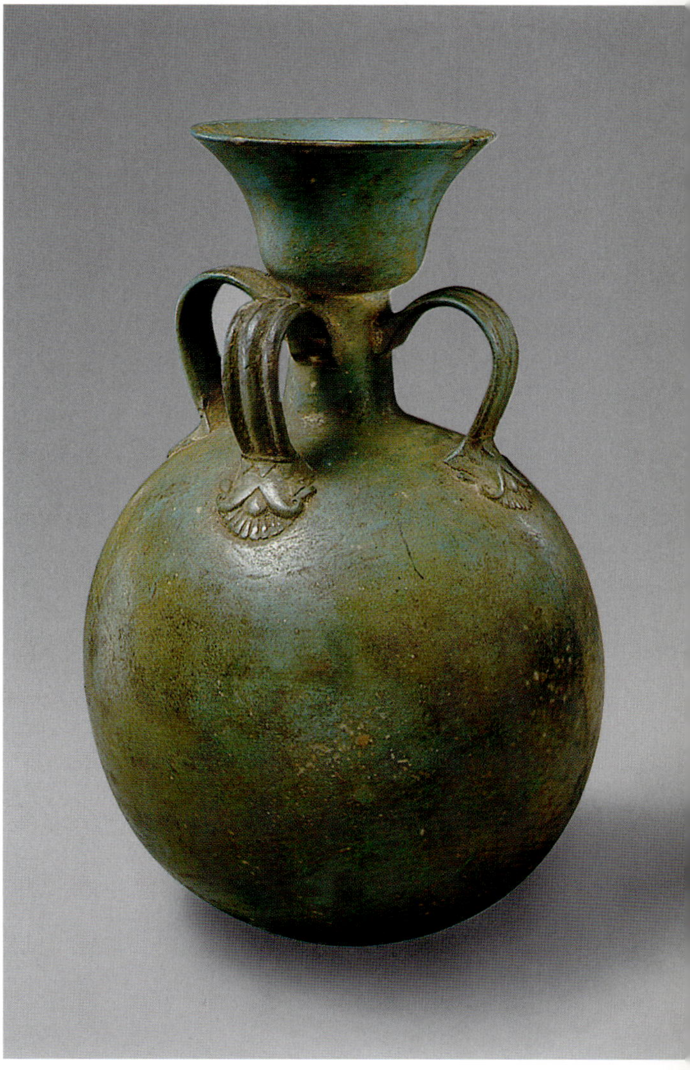

**87. Gourde du nouvel an**

*Basse Époque, XXVI^e Dynastie, v. 575 av. J.-C.*
*Faïence. Hauteur : 15 cm. ECM 1704*

Dans une faïence compacte de couleur bleu clair, cet ample flacon rappelle les contenants de verre et de faïence de la XVIII^e Dynastie (cat. n^os 24 et 25). Aux VIII^e et VII^e siècles avant Jésus-Christ, cette forme était réapparue avec un décor en relief de même type que les calices de la XXII^e Dynastie (cat. n^os 53 et 54). Des siècles plus tard, elle refit surface avec la gourde de pèlerin chrétienne emplie d'huile sainte ou d'eau que les dévots emportaient pour se rendre dans de grands sanctuaires religieux, comme celui de Saint-Ménas aux confins du désert près d'Alexandrie. Le contenu et la fonction des flacons de la Basse Époque ne peuvent que donner lieu à des hypothèses. Néanmoins, ils peuvent eux aussi avoir servi à contenir l'eau qui était recueillie en des points spécifiques durant la crue annuelle du Nil, laquelle marquait pour les Égyptiens le commencement de la nouvelle année. Ces flacons réapparurent assez soudainement au cours de la XXVI^e Dynastie en tant que cadeau typique du nouvel an, supplantant plusieurs objets de faïence qui étaient couramment offerts durant la Troisième période intermédiaire. La plupart des exemplaires semblent avoir été produits à la fin de la Dynastie, sous les règnes d'Apriès et d'Amasis.

Sur les épaules de notre gourde, sous les poignées vestigiales en forme de singes accroupis qui flanquent le col, sont grossièrement gravés deux textes transmettant d'un côté le souhait habituel pour l'ouverture d'une belle année, et de l'autre une invocation au dieu memphite Ptah. Le collier floral stylisé qui est gravé sous le col renforce le thème de la fête et du renouvellement de la vie pour une année supplémentaire comme don des dieux.

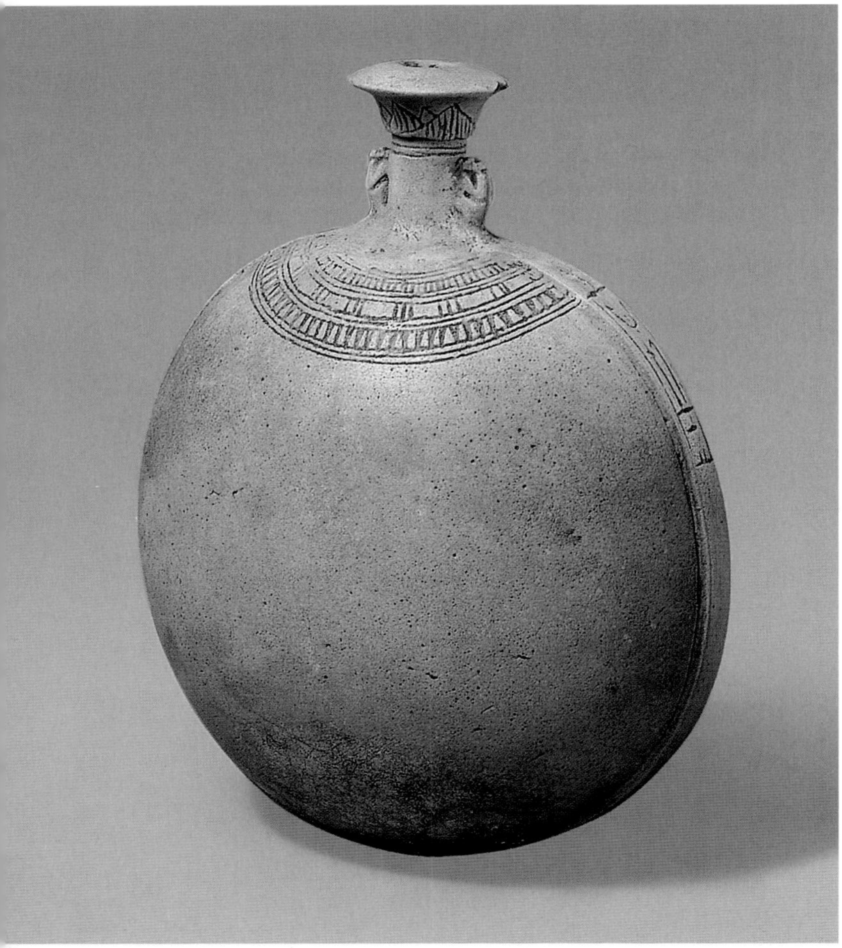

**88. Contrepoids d'Amasis**

*Basse Époque, XXVI^e Dynastie, règne d'Amasis, 570-526 av. J.-C.*
*Faïence. Hauteur : 10 cm. ECM 1710*

À l'opposé des contrepoids de la Troisième période intermédiaire aux décors élaborés (cat. n^os 66-68), ceux de la XXVI^e Dynastie étaient relativement sobres et leurs inscriptions dirigeaient clairement l'attention sur le personnage ou le roi lui-même. Notre exemplaire, moulé dans une faïence bleu-vert légèrement mouchetée, est orné sur une seule face des noms et titres d'Amasis inscrits dans un cadre rectangulaire surmonté du hiéroglyphe signifiant « ciel ». Un parallèle conservé au Louvre (E 22634), qui est gravé au nom du souverain précédent, Apriès (et non Psammétique I^er, parfois mentionné à tort), porte en outre une inscription souhaitant « de nombreuses autres fêtes Sed ». À l'instar de la série de gourdes du nouvel an (cat. n^o 87) qui ont été réalisées sous Apriès et Amasis, il se peut que les contrepoids aient également été conçus comme des offrandes destinées à assurer une crue abondante.

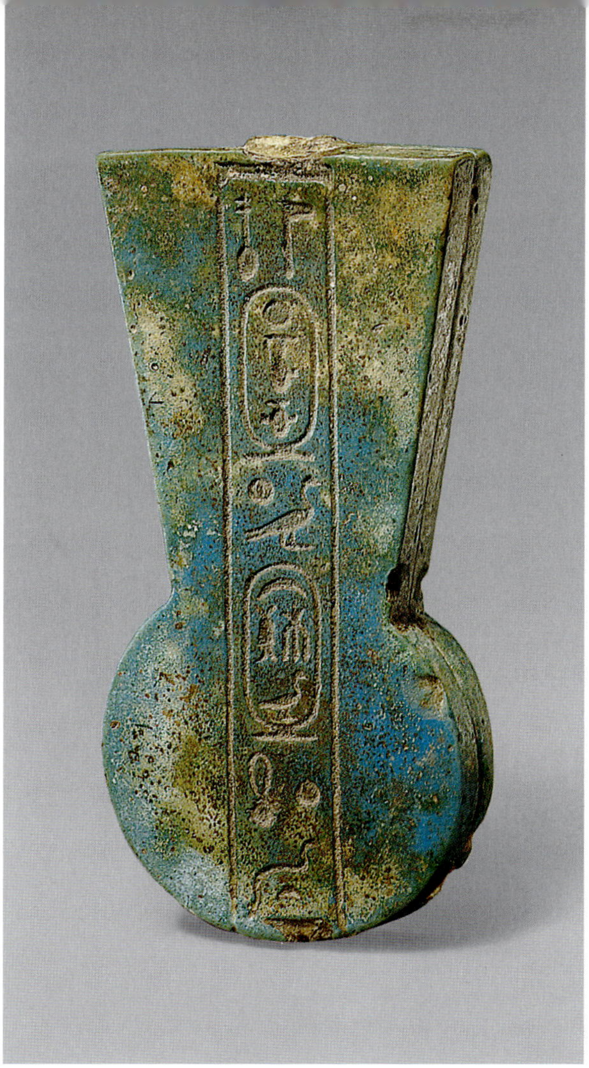

**89. Scarabée ailé**

*Basse Époque, XXVIe Dynastie, v. 600 av. J.-C.*
*Faïence. Largeur : 12 cm. ECM 233a-c*

Au cours des dernières périodes de l'histoire égyptienne, les suaires enveloppant les momies étaient agrémentés d'amulettes en faïence (voir cat. n° 63). Ces dernières pouvaient être indépendantes, ou intégrées dans un filet de perles sophistiqué. Notre scarabée ailé a manifestement été créé dans ce contexte. La perfection de sa couleur et de sa facture permettent de dater cette pièce de la période englobant les VIIIe et VIIe siècles avant Jésus-Christ, lorsque les faïenciers égyptiens excellaient à produire des ouvrages aussi beaux et minutieux.
La perfection recherchée par l'artiste transparaît dans le corps du scarabée avec la finesse de la ligne à chevrons qui sépare les deux élytres et le réalisme de la tête et des pattes rainurées. Les percements destinés à recevoir les cordons de fixation sont pratiqués en biais, et par conséquent invisibles. Si l'artisan avait pu terminer cette pièce, elle aurait été plus splendide encore. En effet, il a ciselé l'une des plumes de l'aile droite dans ses moindres détails, mais pour des raisons que nous ignorons aujourd'hui, la pièce a été enfournée avant qu'il ait pu l'achever.

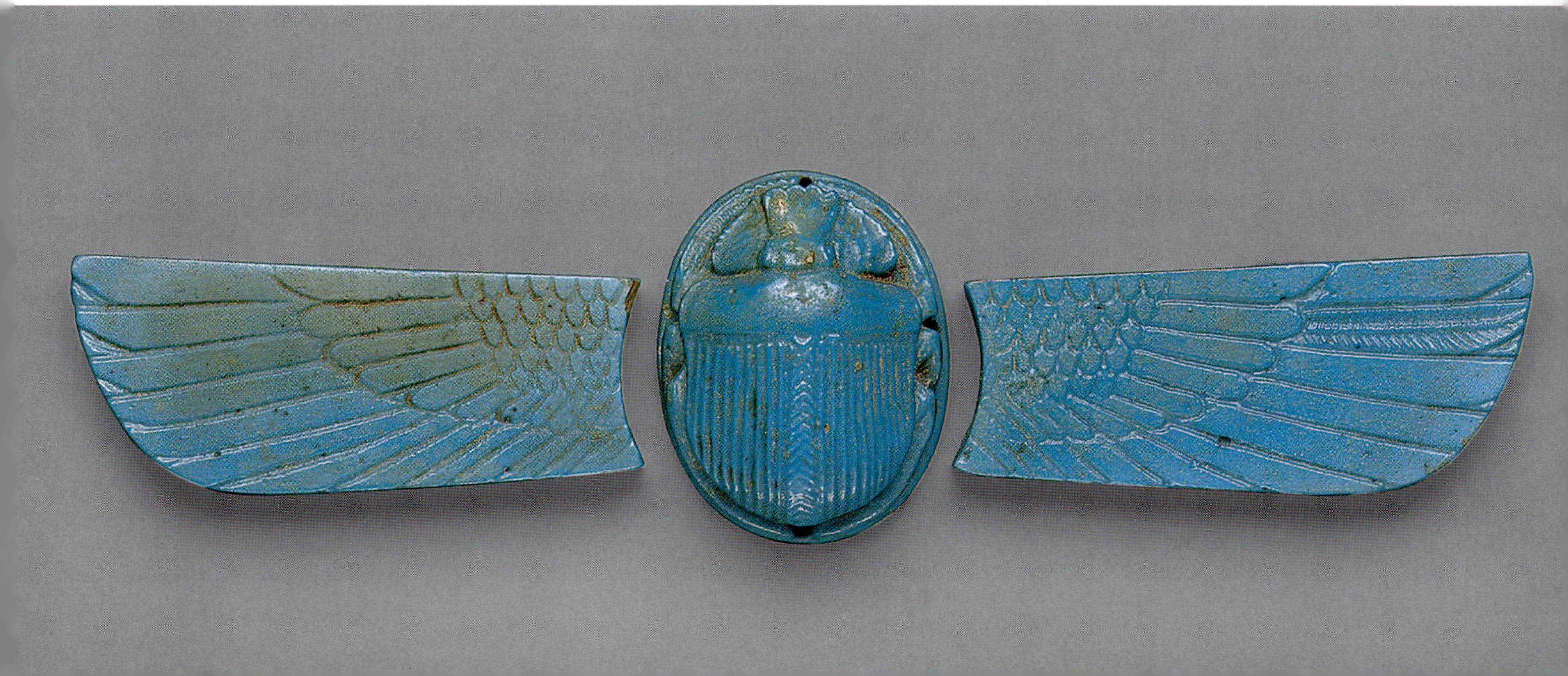

**90. Scarabée de cœur**

*Basse Époque, XXVI^e Dynastie, v. 600 av. J.-C.*
*Néphrite. Longueur : 5,5 cm. ECM 1713*

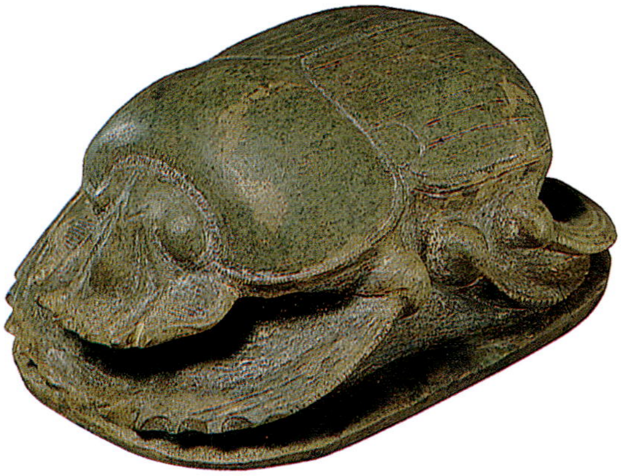

Un souci du détail semblable à celui obtenu en faïence sur notre exemplaire n° 89 ressort de cette pièce, quoique de manière plus stylisée. Plus grand et plus formel, ce scarabée de cœur (voir cat. n° 65) a été sculpté dans une pierre verte évoquant la fertilité, dont l'usage est préconisé par le Livre des Morts. Le cœur magique, qui représente le siège de toutes les émotions humaines et la source de toute action physique, était l'une des amulettes les plus importantes parmi celles qui étaient placées sur le corps momifié. Nonobstant ce rôle crucial, les scarabées de cœur pouvaient jadis s'acheter tout faits, avec un espace laissé libre pour inscrire le nom de l'acquéreur. Pire encore, on pouvait récupérer une amulette sur un cadavre et la réutiliser en polissant le nom d'origine, comme l'atteste un exemplaire du Nouvel Empire conservé à Eton (ECM 1552). Comme souvent sur les pièces de Basse Époque, la base ne porte aucune inscription et l'identité de son ancien propriétaire est donc perdue.

**91. Statuette de Thot**

*Basse Époque, XXVI^e Dynastie, v. 600 av. J.-C.*
*Provenance : Sheikh el-Farag (Naga el-Deir)*
*Faïence. Hauteur : 13 cm. ECM 1587*

Cette magnifique statuette de Thot à tête d'ibis est l'un des plus beaux exemplaires en faïence de la Basse Époque. Sa perfection n'est guère entachée que par la disparition du bec recourbé, aujourd'hui restauré. Elle a été consignée comme ayant été acquise à Sheikh el-Farag, aux confins de la huitième province de Haute-Égypte. Étant donné sa taille, elle constituait sans doute une image votive destinée à être consacrée dans un temple plutôt qu'une amulette à porter sur soi.
On connaît plusieurs exemplaires identiques qui se distinguent par les deux anneaux de suspension de part et d'autre de la perruque, par la nudité du dieu et par les têtes de fennec qui terminent les pieds, tels des chaussons – et semblent faire référence au dieu-chacal Oupouaout, « celui qui ouvre les chemins ». Cette série a manifestement son origine dans un même atelier qui peut se situer dans les environs de Sheikh el-Farag.

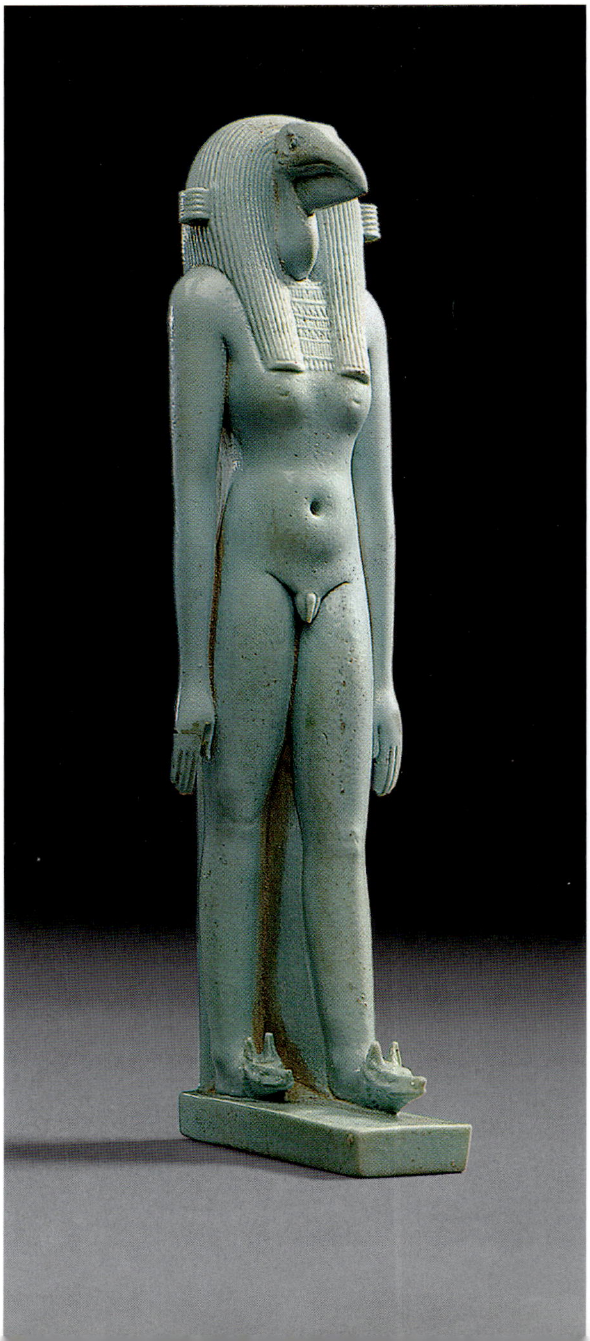

**92. Triade Isis-Nephtys-Horus**

*Basse Époque, XXVI^e Dynastie, v. 600 av. J.-C.*
*Faïence. Hauteur : 2,5 cm. ECM 1558*

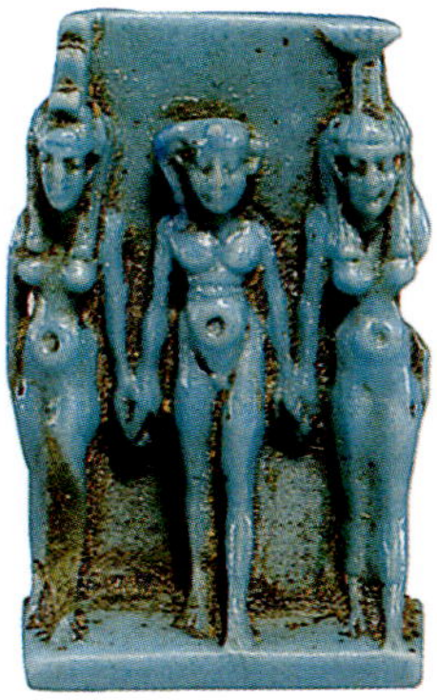

Durant la XXVI^e Dynastie, les amulettes que l'on plaçait entre les bandelettes des personnages aisés au cours de la momification étaient très standardisées, fabriquées le plus souvent en faïence et en grandes quantités. Notre triade correspond à l'un des types d'amulettes les plus courants. Toutefois, sa qualité est bien supérieure à la moyenne pour un objet de si petites dimensions. Elle représente le dieu Horus entouré de sa mère Isis à sa droite, et de la sœur de cette dernière, Nephtys – toutes deux étant désignées comme toujours par des hiéroglyphes placés au-dessus de leur tête. Selon la mythologie, ces déesses protégèrent Horus jusqu'à ce qu'il soit suffisamment grand pour revendiquer le trône d'Égypte. Grâce à la statuette, cette protection était transmise au défunt au moment critique de la transition vers une nouvelle vie.

**93. Babouin de Thot**

*Basse Époque, XXVI^e Dynastie, v. 600 av. J.-C.*
*Faïence. Hauteur : 4,5 cm. ECM 1718*

Sculptée avec une grande finesse, cette statuette en faïence représente le babouin sacré de Thot (voir cat. n° 59), assis comme à l'accoutumée et offrant un œil *oudjat* (l'œil gauche, eu égard aux associations lunaires de ce dieu). Cette représentation s'explique comme suit. Selon le mythe, Rê, dieu du soleil, envoya son œil – qui est féminin en égyptien, et donc représenté sous les traits de l'une de ses filles – détruire l'ennemi. Cette force divine était figurée par l'une des trois déesses suivantes : Tefnout, la fille aînée de Rê ; Sekhmet, « la puissante » (voir cat. n° 94) ; ou encore la déesse de l'amour Hathor, une fois sa violence apaisée. Cependant, persuader la déesse en colère de revenir ne fut pas une mince affaire. Un texte littéraire, conservé sur des papyrus de la période gréco-romaine, relate comment Thot parvint à la faire rentrer de Nubie en lui racontant une série de fables. Le retour de l'œil fut alors célébré dans les temples de l'Égypte entière pour marquer le rétablissement de l'ordre et d'une vie paisible. Concrètement, cela se traduisit par la crue annuelle du Nil après la sécheresse des mois d'été.

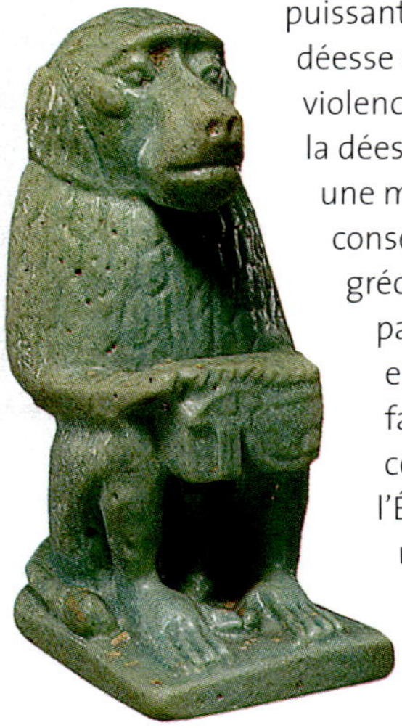

**94. Statuette de Sekhmet**

*Basse Époque, XXVI^e Dynastie, v. 600 av. J.-C.*
*Faïence. Hauteur : 9,5 cm. ECM 1716*

La finesse de la sculpture et la glaçure vert pâle suggèrent que cette grande amulette en faïence date de la XXVI^e Dynastie. Du fait de sa taille, il s'agit probablement d'un ex-voto placé dans un sanctuaire de cette déesse par quelque dévot pèlerin. Le culte de Sekhmet – « la puissante », incarnation de la fureur et des fléaux divins – se concentrait à Memphis. Toutefois, la déesse fit sa plus

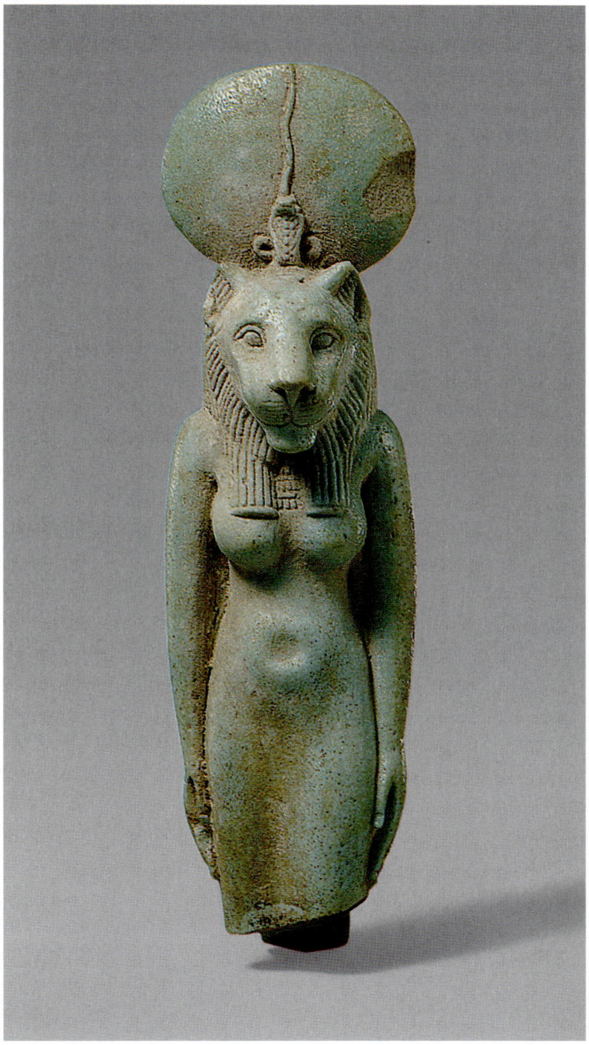

célèbre apparition à Thèbes sous le règne d'Aménophis III, durant la XVIII^e Dynastie. C'est là, dans son propre temple funéraire à Kôm el-Hetan, que le pharaon fit ériger une série de statues à taille humaine de la déesse, tant assise que debout, en relation avec la célébration de sa fête Sed. Les recherches donnent à penser que ces statues furent jadis plus de sept cents. Nombre d'entre elles furent ensuite transférées au temple de Mout à Karnak, où beaucoup sont encore visibles.

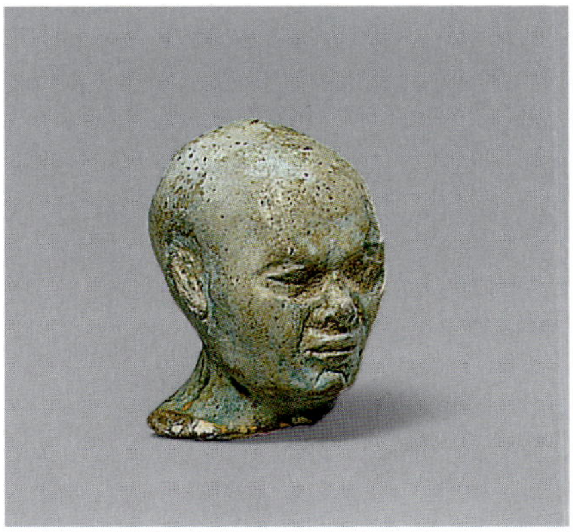

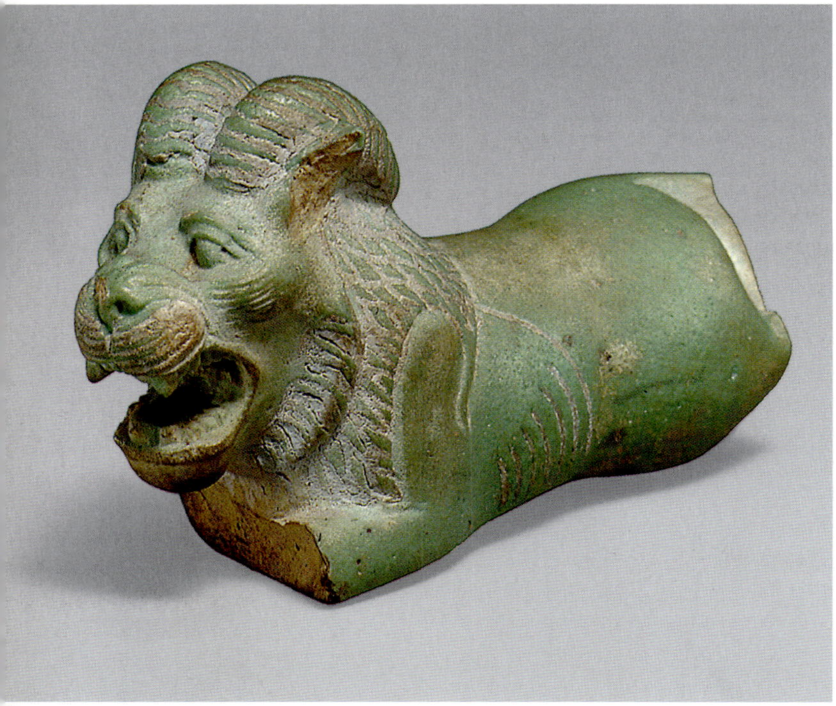

**95. Animal mythique**

*Période perse, XXVII^e Dynastie, v. 500 av. J.-C.*
*Faïence. Longueur : 6 cm. ECM 1705*

De 525 à 404 avant Jésus-Christ, l'Égypte fut une province de l'empire perse. Quoique frappée d'anathème par les Égyptiens eux-mêmes, cette période fut le témoin d'une grande prospérité et d'un raffinement culturel. Dans le domaine de l'art, de nouvelles formes furent introduites tout en conservant les matériaux égyptiens traditionnels. La créativité de la période perse ressort de manière flagrante sur ce griffon asiatique magnifiquement sculpté dans une faïence fine à glaçure verte, avec des rehauts bleus contrastés pour les détails secondaires. Par son allure bondissante, ce fragment – l'un des chefs-d'œuvre de la collection Myers – pourrait correspondre à la poignée d'un récipient. En effet, nous pourrions citer des parallèles contemporains dans l'art du métal.

**96. Tête masculine**

*Probablement fin de la période ptolémaïque, v. 50 av. J.-C.*
*Faïence. Hauteur : 3 cm. ECM 1688*

Comme nous l'avons déjà évoqué (voir cat. n° 10), l'Égypte antique connaissait deux approches fondamentalement opposées de la production artistique. D'un côté se trouvaient les œuvres qui soulignaient les différences entre les individus, à l'instar du portrait moderne. De l'autre, il y avait les objets qui accentuaient les similitudes, conformément à la tendance « idéalisatrice » qui nous est la plus familière. Notre tête miniature appartient à la première catégorie d'œuvres, qui prit son essor au cours des dernières années de la domination ptolémaïque. Cette sculpture d'un bleu-vert pâle est réalisée dans un composé siliceux d'une compacité inhabituelle, comparable à la faïence dite siliceuse. Bien que les parallèles les plus proches du point de vue du médium et de la taille pourraient être les statuettes en faïence de la Troisième période intermédiaire et de la Basse Époque représentant Ptah sous forme de nain (Pataikos), la tête de la collection Myers semble être un portrait unique. Façonnée à l'état plastique avant la cuisson, elle évoque les plus belles pièces des coroplastes à qui l'on doit les extraordinaires têtes de genre trouvées sur les sites de peuplement ptolémaïque, tandis que par son aspect général, elle soutient la comparaison avec les œuvres du meilleur sculpteur sur pierre de la période, qui réalisa la célèbre « tête verte » conservée à Berlin (inv. 12500).

**97. Effigie de Bès**

*Période romaine, v. 50 apr. J.-C.*
*Faïence encastrée dans un bloc de bois.*
*Hauteur : 19,5 cm. ECM 1508*

La fonction initiale des matériaux archéologiques n'est pas toujours évidente, notamment en l'absence de parallèles provenant de fouilles bien documentées. C'est le cas de cette figure en faïence bleue d'assez grande taille représentant Bès, protecteur divin de l'enfantement. Le style de la sculpture, la surface rugueuse et les variations de bleu dues aux différentes épaisseurs de la glaçure permettent clairement d'identifier cet objet comme une production de l'époque romaine. Des parallèles existent, mais cette pièce a pour particularité son support en bois rectangulaire, donnant à penser qu'il s'agirait à l'origine d'un élément architectural. Elle faisait probablement office d'élément iconique ou protecteur encastré dans le mur d'un bâtiment où l'on invoquait ce dieu, que ce soit une simple habitation, une « salle d'accouchement » ou une chambre dédiée au sein d'un temple – telles la salle d'oracles du dieu Bès à Abydos ou les « chambres de Bès » dans la nécropole des animaux sacrés de Saqqarah, au moins à partir du IVe siècle avant Jésus-Christ. Pour faire appel à l'intercession divine – laquelle se manifestait peut-être par les rêves, comme dans la pratique grecque – pour toutes sortes de maux domestiques, les Égyptiens se rendaient assez souvent dans ces lieux ainsi que sur d'autres sites.

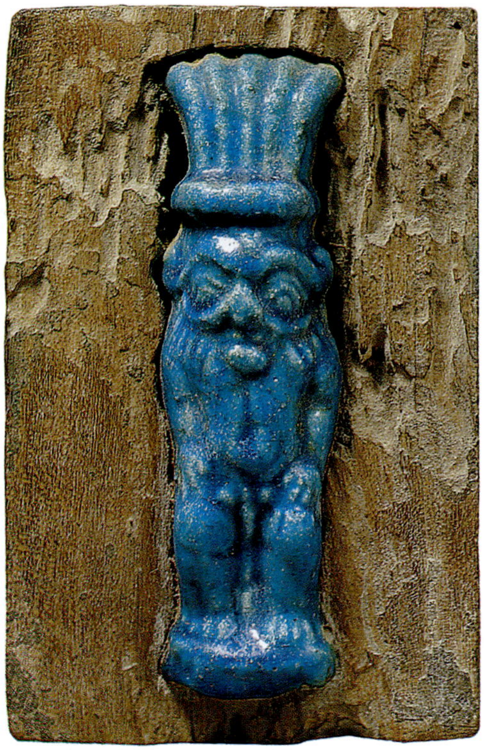

**98. Masque plastron d'homme**

*Période romaine, v. 130 apr. J.-C.*
*Plâtre peint et doré. Hauteur : 23,5 cm. ECM 1576*

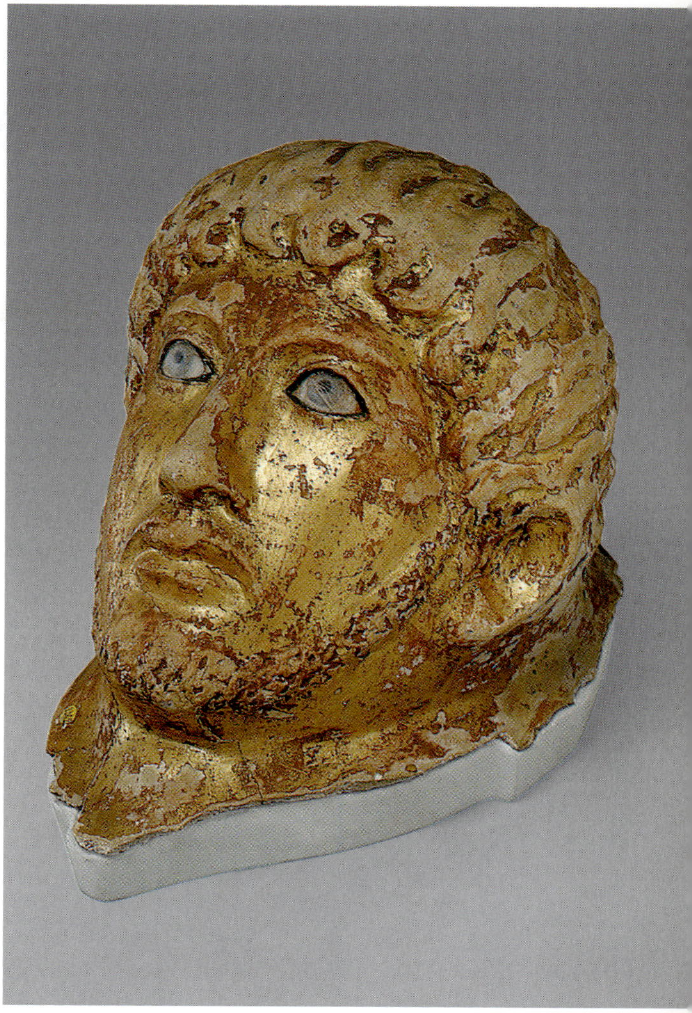

**99. Masque plastron de femme**
*Période romaine, v. 130 apr. J.-C.*
*Plâtre peint et doré sur une planche en bois.*
*Longueur : 43 cm. ECM 1571*

Ayant acheté à l'époque où les cimetières romains d'Égypte commençaient à être exploités, William Joseph Myers parvint à rassembler une magnifique collection de masques en plâtre classiques jadis associés aux momies.

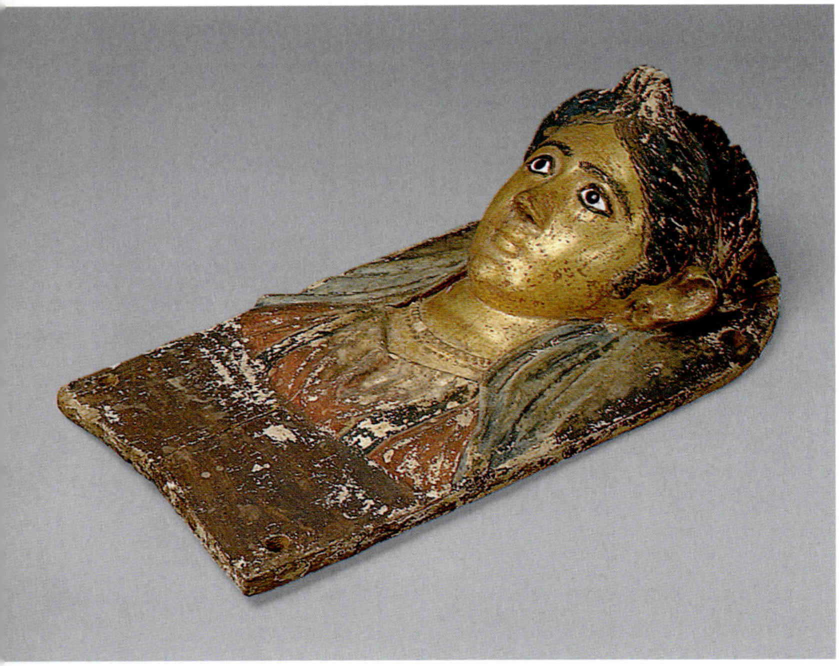

Sur les deux exemplaires reproduits ici (cat. n$^{os}$ 98 et 99), la dorure témoigne de la richesse de leurs propriétaires. Toutefois, l'or, métal inaltérable, symbolisait également l'éternité (voir cat. n° 19). La barbe et la coiffure de l'homme reflètent le goût de la cour impériale romaine sous le règne d'Hadrien. Aux endroits où la dorure est usée, la couche inférieure rouge apparaît.
Les yeux incrustés sont en verre transparent ombré de peinture bleue.
Le visage de la femme est doré de manière similaire, tandis que l'incrustation des yeux relève davantage de la tradition égyptienne. La planche sur laquelle est fixée la tête comporte des percements aux coins pour l'attacher sur la momie. La défunte est habillée d'une tunique rouge ornée de bandes noires (clavi), d'un manteau classique bleu et d'un collier de perles rouges. Ce masque est lui aussi datable du début du IIe siècle après Jésus-Christ.

**100. Portrait d'homme**
*Période romaine, v. 165 apr. J.-C.*
*Encaustique sur tilleul. Hauteur : 40 cm.*
*ECM 1473*

Les plus belles réalisations de l'art égyptien sous la domination romaine sont les portraits peints sur bois qui, au cours des premiers siècles de notre ère, étaient attachés au-dessus du suaire en lin ou du cartonnage recouvrant la momie. Ils sont couramment désignés sous le nom de « portraits du Fayoum » d'après la région où ils ont été découverts en si grand nombre. Toutefois, ils connurent une diffusion bien plus importante avec des exemplaires attestés provenant d'aussi loin que Thèbes au sud, et que le site de Marina el-Alamein sur la côte méditerranéenne au nord. Les plus beaux d'entre eux sont peints à l'encaustique (cire chaude). La translucidité de ce médium, l'utilisation des ombres et de la perspective, ainsi que les coups de pinceau impressionnistes, donnent un effet que l'on associe davantage à la Renaissance européenne qu'à l'Égypte classique. Il existe également des exemplaires réalisés selon la technique de la détrempe. Bien que ceux-ci constituent une transition intéressante dans l'évolution de ce genre pictural, ils n'ont pas la vitalité des tableaux à l'encaustique et sont bien moins saisissants.
Notre portrait représente un adulte anonyme portant la tunique et le baudrier orné qui sont typiques de la tenue d'un officier de l'armée romaine. Sa coiffure rappelle les portraits sculptés de l'empereur Lucius Verus (règne 161-169 après Jésus-Christ), sous le règne duquel notre militaire aurait servi. Ce portrait sur bois proviendrait du riche et vaste cimetière d'El-Rubaiyat dans le Fayoum. D'autres portraits provenant du même endroit attestent l'existence d'un atelier de peintres à l'encaustique qui étaient particulièrement habiles, leur production se démarquant nettement des œuvres à la détrempe trouvées sur le même site. Une analyse a montré que le portrait de la collection Myers a été réalisé sur du tilleul – d'origine méditerranéenne comme le chêne, l'if et le sapin qui étaient également utilisés pour ce type de peintures.

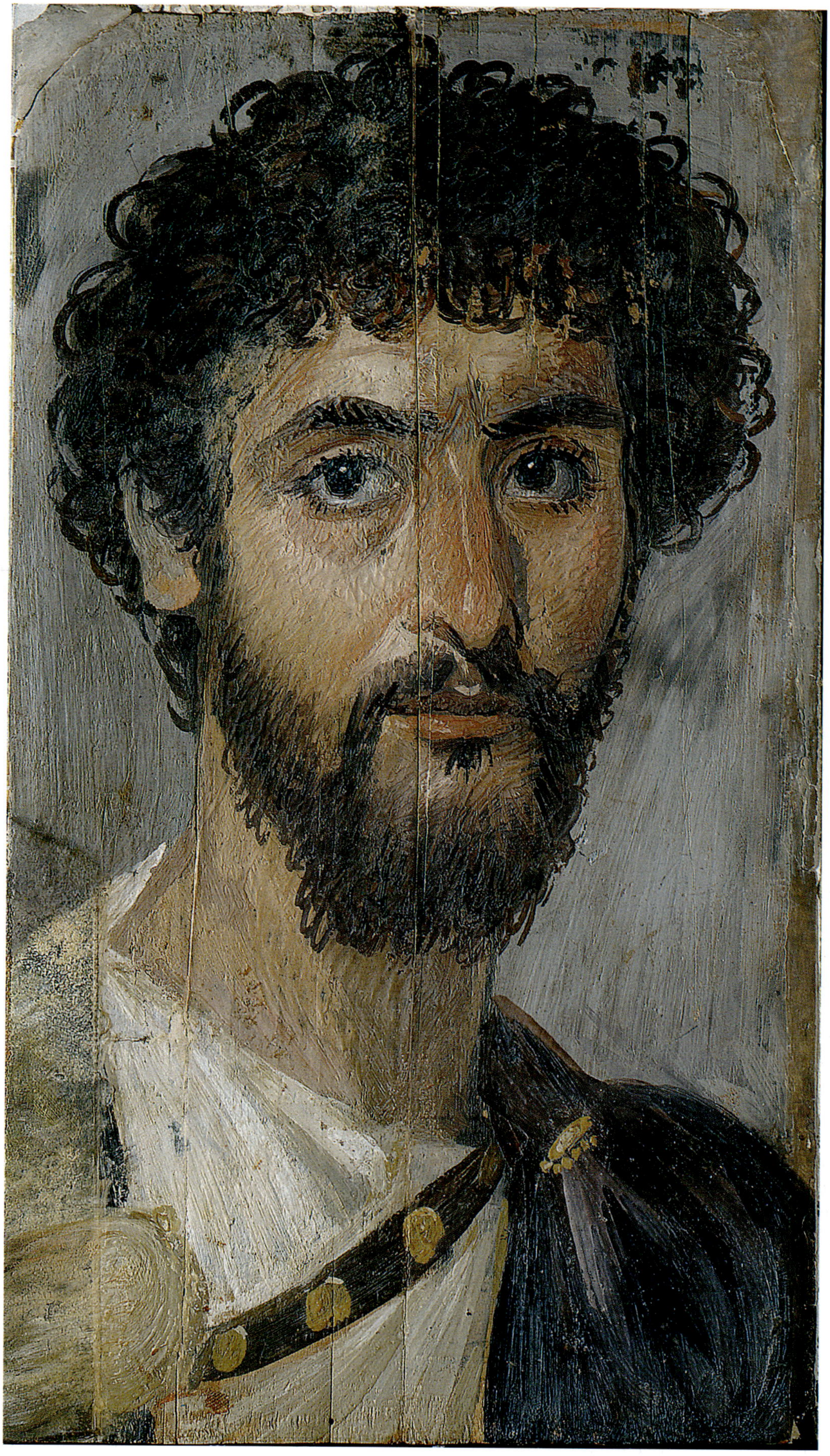

# Bibliographie


ARNOLD, Dorothea
« An Egyptian bestiary », in *The Metropolitan Museum of Art Bulletin*, vol. LII, n° 4, New York, printemps 1995.

AUFRERE, Sydney
*L'Univers minéral dans la pensée égyptienne*, Institut français d'archéologie orientale du Caire, Le Caire, 1991.

D'AURIA, Sue, LACOVARA, Peter et ROEHRIG, Catharine H.
*Mummies & Magic*, Museum of Fine Arts, Boston ; Museum of Art, Dallas, 1988 (catalogue d'exposition).

BERTRAND, Raphaël (trad. de l'égyptien)
*Les Textes de la pyramide d'Ounas*, vol. I, éd. Anoup, Breuvages, 2004.

BROVARSKI, Edward, DOLL, Susan K. et FREED, Rita E.
*Egypt's Golden Age: The Art of Living in the New Kingdom, 1558-1085 B.C.*, Museum of Fine Arts, Boston, 1982.

DUNN FRIEDMAN, Florence (dir.)
*Gifts of the Nile: Ancient Egyptian Faience*, Museum of Art, Cleveland ; Museum of Art, Rhode Island School of Design ; Thames & Hudson, Londres, 1998 (catalogue d'exposition).

GARSTANG, John
*The Burial Customs of Ancient Egypt as Illustrated by Tombs of the Middle Kingdom*, A. Constable, Londres, 1907.

HAYES, William C.
*From Earliest Times to the End of the Middle Kingdom*, vol. I de *The Scepter of Egypt: A Background for the Study of Egyptian Antiquities in The Metropolitan Museum of Art*, Harper and Bros., New York, 1953. Éd. rev. Harry N. Abrams, New York, 1990.

HAYES, William C.
*The Hyksos Period and the New Kingdom (1675-1080 B.C.)*, vol. II de *The Scepter of Egypt: A Background for the Study of Egyptian Antiquities in The Metropolitan Museum of Art*, Harvard University Press, Cambridge, 1959. Éd. rev. Harry N. Abrams, New York, 1990.

KOZLOFF, Arielle P. et BRYAN, Betsy M., avec BERMAN, Lawrence M.
*Egypt's Dazzling Sun: Amenhotep III and His World*, The Cleveland Museum of Art ; Kimbell art museum, Fort Worth, Galeries nationales du Grand Palais, Paris ; The Cleveland Museum of Art, Cleveland, 1992 (catalogue d'exposition).

NICHOLSON, Paul T. et SHAW, Ian
*Ancient Egyptian materials and technology*, Cambridge University Press, Cambridge (R.-U.), 2000.

QUIRKE, Stephen
*Ancient Egyptian Religion*, British Museum Press, Londres, 1992.

QUIRKE, Stephen et SPENCER, Jeffrey (dir.) (trad. de l'anglais par Denis-Armand Canal)
*Le Livre de l'ancienne Égypte. British Museum*, Ph. Lebaud, Paris, 1995.

REEVES, Nicholas (trad. de l'anglais par Nathalie Baum)
*Les Grandes Découvertes de l'Égypte ancienne. Une chronique année par année*, éd. du Rocher, Monaco, 2001.

SALEH, Mohamed et SOUROUZIAN, Hourig
*Musée égyptien du Caire. Catalogue officiel*, Verlag Philipp von Zabern, Mayence, 1987.

SCHNEIDER, Hans D.
*Life and Death under the Pharaohs: Egyptian Art from the National Museum of Antiquities in Leiden, The Netherlands*, Fernbank Museum of Natural History, Atlanta (E.-U.) ; Western Australian Museum, Perth (Australie) ; éd. Brepols, Turnhout (Belgique), 1999 (catalogue d'exposition).

SCHOU JØRGENSEN, Mogens (trad. du danois par Neil Martin Stanford)
*Egypt I (3000-1550 B.C.)*, Ny Carlsberg Glyptotek, Copenhague, 1996 (catalogue d'exposition).

SPELEERS, Louis (trad. de l'égyptien)
*Traduction, index et vocabulaire des Textes des pyramides égyptiennes*, Bruxelles, 1934.

TAIT, George A. D.
« The Egyptian Relief Chalice », *in The Journal of Egyptian Archaeology*, vol. XLIX, 1963, p. 93-139.

WINLOCK, Herbert E.
« Pearl Shells of Senwosret I », in *Studies Presented to FLl* Griffith, Londres, 1932, p. 388-392.



La photogravure a été réalisée par Quat'Coul
Cet ouvrage a été achevé d'imprimer sur les presses de Grafiche Zanini, Bologne (Italie), en mars 2007